МУЗЕЙ АННЫ АХМАТОВОЙ В ФОНТАННОМ ДОМЕ

Н. И. Попова, О. Е. Рубинчик

Анна Ахматова и Фонтанный дом

НЕВСКИЙ ДИАЛЕКТ

Санкт-Петербург 2000

УДК 882. 82. 09
ББК 83. 3 (2Рос=Рус)-8 Ахматова А. А.
П 581

Н. И. Попова, О. Е. Рубинчик
Анна Ахматова и Фонтанный Дом. — СПб.: Невский Диалект, 2000. — 160 с., ил.

Пунина И. Н. «Под кровлей Фонтанного Дома...», воспоминания

В Фонтанном Доме (бывшем дворце графов Шереметевых) Анна Ахматова прожила около 30 лет. Он вошел в ее поэзию, стал для Ахматовой частью петербургской истории и истории России. Она пережила здесь первые послереволюционные годы, аресты сына и мужа, начало войны, ждановское постановление. В Фонтанном Доме она писала «Реквием» и «Поэму без героя».

Книга рассказывает о жизни Анны Ахматовой в Фонтанном Доме, о тех его обитателях, чья судьба пересеклась с ее судьбой.

Издание подготовлено при поддержке Санкт-Петербургского отделения Института Открытое Общество в рамках проекта «Петербургские маршруты».

© Попова Н. И., Рубинчик О. Е. Анна Ахматова и Фонтанный Дом, 2000
© Пунина И. Н. «Под кровлей Фонтанного Дома...», воспоминания, 2000
© Пунина И. Н. Фотографии работы Пунина Н. Н., 2000
© «Невский Диалект», оформление, 2000

ISBN 5-7940-0047-3

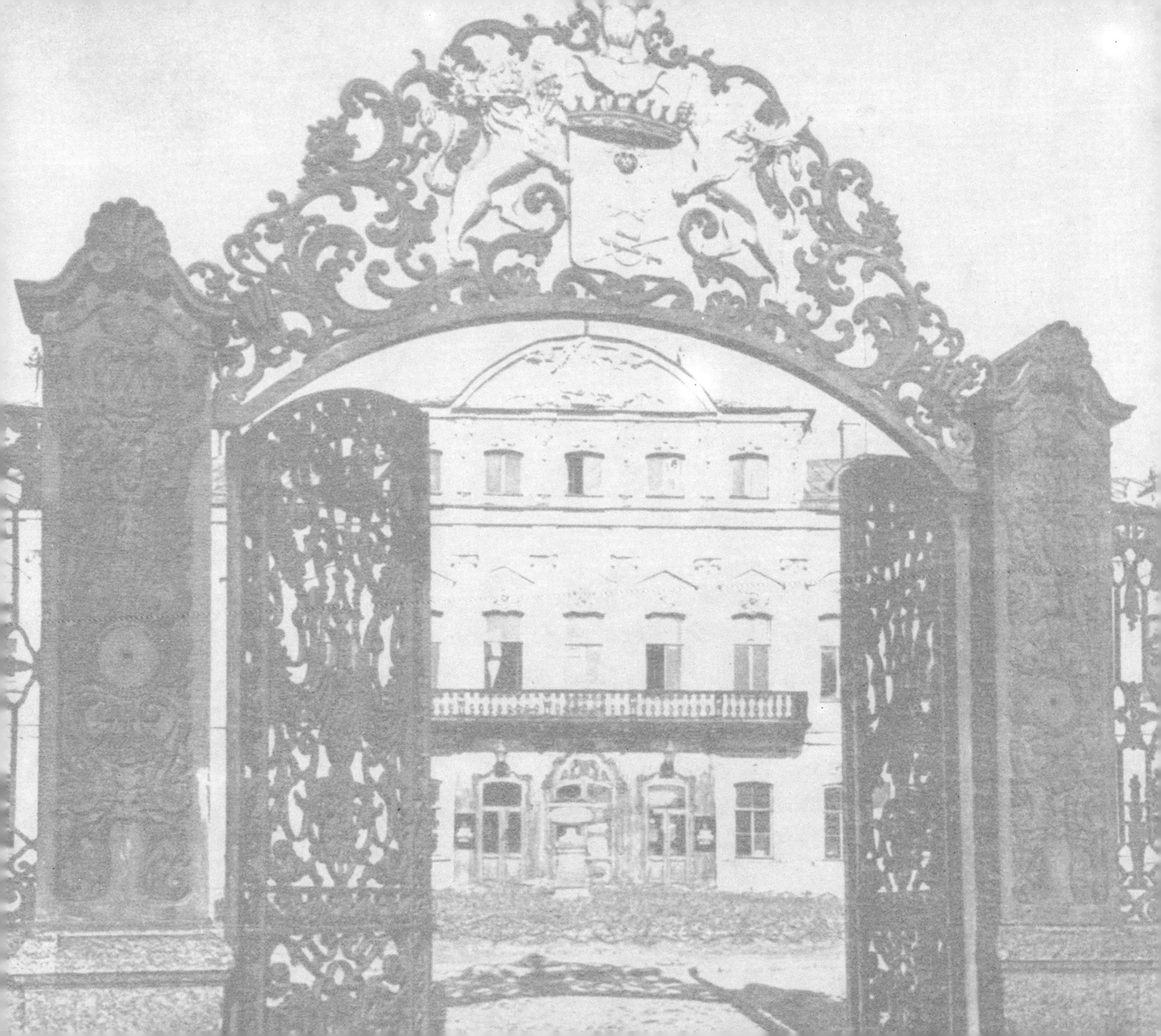

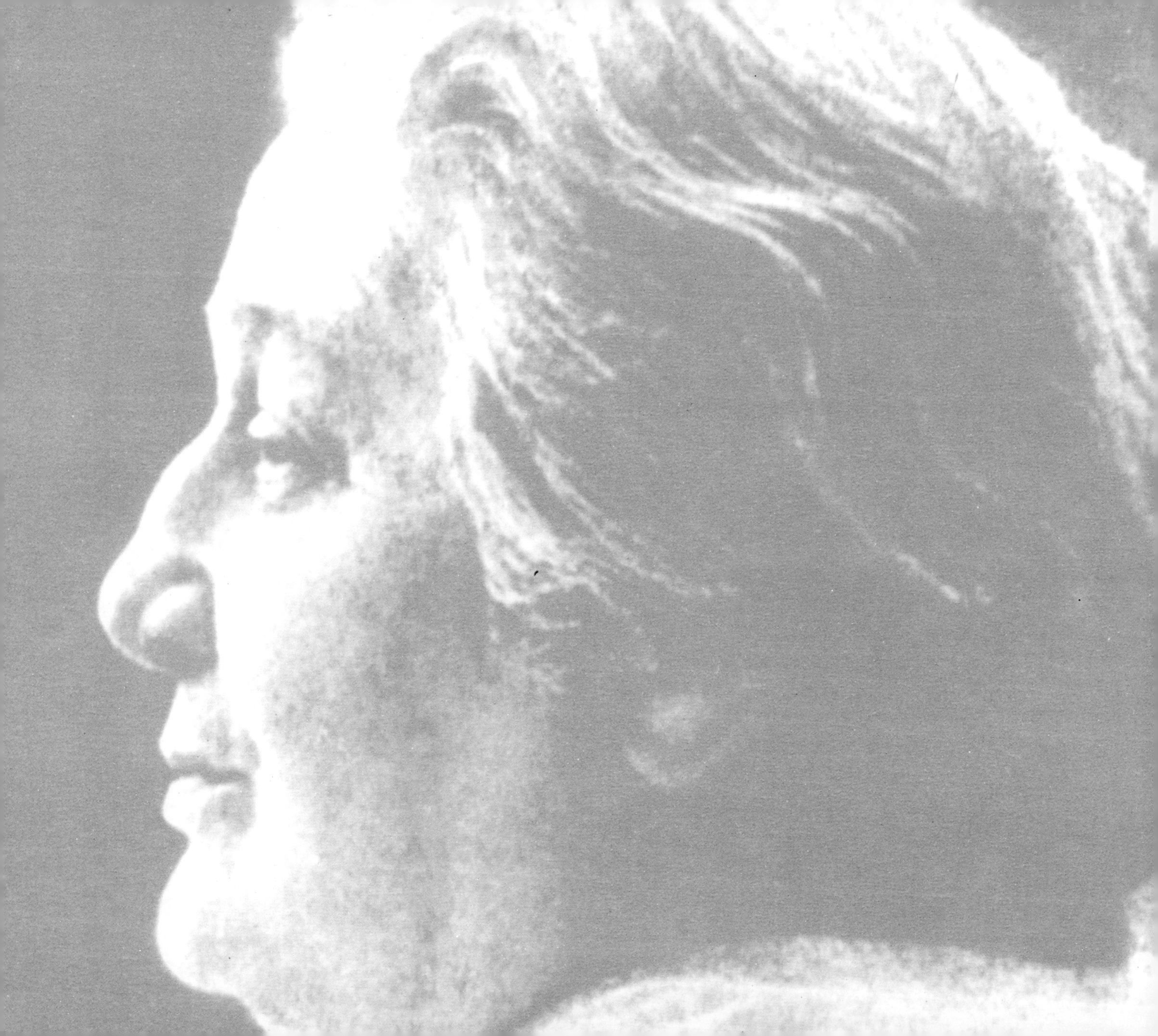

«Тридцать пять лет я прожила в одном из самых замечательных петербургских дворцов (Фонтанный Дом Шереметевых) и радовалась совершенству пропорций этого здания 18 века», — писала Анна Андреевна Ахматова в 1960-е годы, незадолго до своей смерти. Эта запись обозначает ее жизнь в Фонтанном Доме как непрерывную и очень продолжительную. Если скрупулезно подсчитывать реально проведенное ею здесь время, то цифра окажется преувеличенной: в северном садовом флигеле она жила с 1918 по 1920 год, а в южном — с середины 1920-х до 1952 года. Но Ахматова абсолютно уверенно называла — тридцать пять лет. И для нее это не было преувеличением. Внутренне она не расставалась с Фонтанным Домом с 1918 года, с первого своего появления здесь. После дома Гумилевых в Царском Селе он был следующим и единственным ее Домом, хотя в промежутке, да и позже было несколько петербургских адресов. Но Дом был один — Фонтанный. Он вошел в ее поэзию, стал для Ахматовой частью истории Петербурга и истории России.

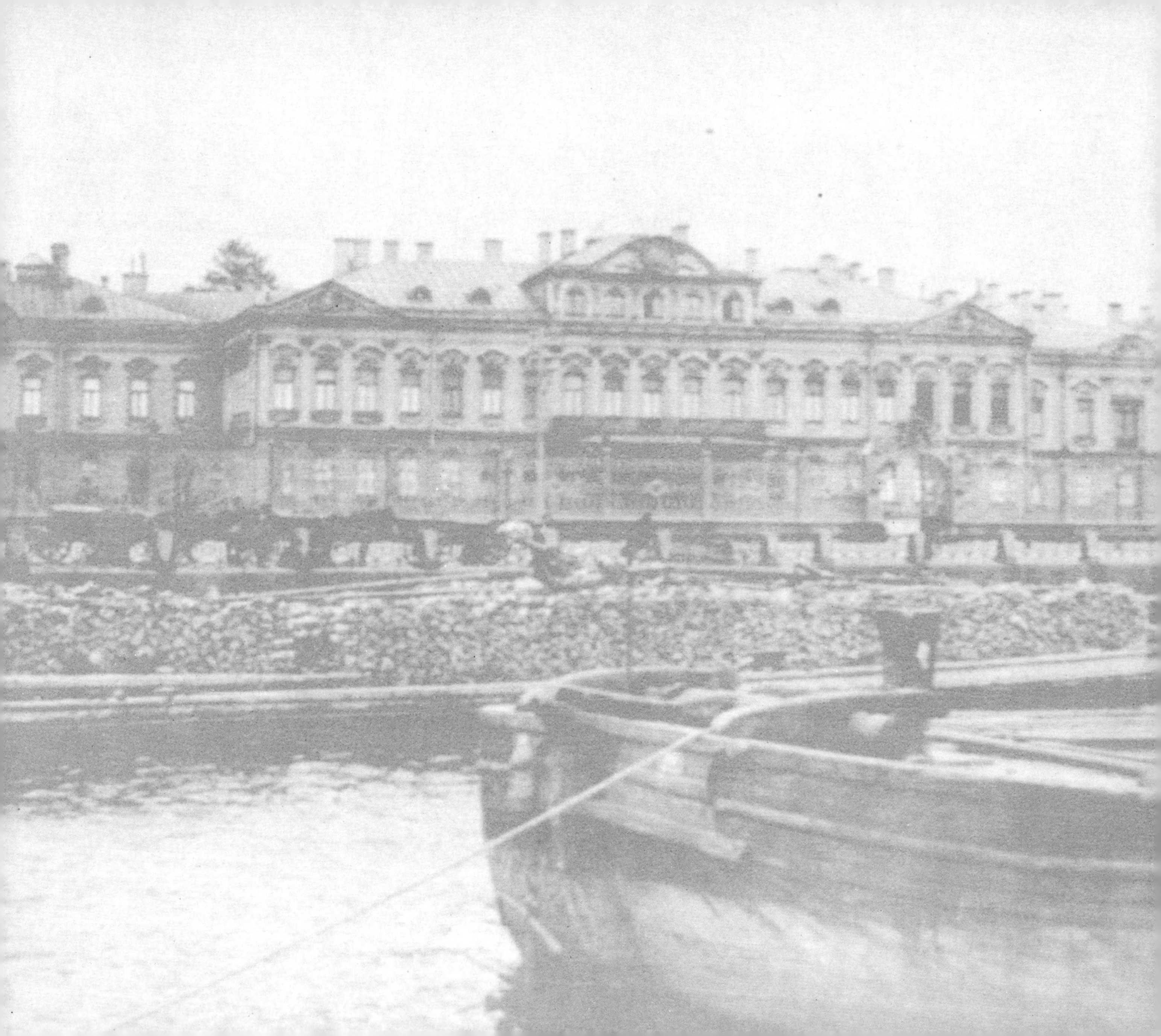

Глава первая

Анна Ахматова поселилась в северном флигеле Фонтанного Дома у своего мужа, ассириолога и поэта Владимира Казимировича Шилейко, осенью 1918 года.

Шереметевский дворец еще стоял во всем своем великолепии. Здесь по-прежнему ощущалось незримое присутствие его бывших хозяев: дворец и сад казались застывшим отражением почти двухсот лет русской истории. Впрочем, в тот год — первый после революции и четвертый с начала первой мировой войны — казалось, что весь Петербург застыл. «Петербург стал величествен. Вместе с вывесками с него словно сползла лишняя пестрота… Петербург обезлюдел (к тому времени в нем насчитывалось лишь около семисот тысяч жителей), по улицам перестали ходить трамваи, лишь изредка цокали копыта либо гудел автомобиль — и оказалось, что неподвижность более пристала ему, чем движение. <…> Есть люди, которые в гробу хорошеют: так, кажется, было с Пушкиным. Несомненно, так было с Петербургом», — вспоминал об этом времени Владислав Ходасевич.

В 1918 году дворец уже формально стал музеем, но еще не было ни экскурсий, ни посетителей. Разросшийся сад, хотя и находился в самом центре города, в двух шагах от Невского проспекта, напоминал старую запущенную усадьбу.

Чтобы понять, чем были для Ахматовой эти первые годы жизни в Фонтанном Доме — с 1918 по 1920, какими она увидела дворец и сад, нужно рассказать о последнем владельце усадьбы графе Сергее Дмитриевиче Шереметеве.

Он вступил во владение Фонтанным Домом в 1871 году, после смерти своего отца Дмитрия Николаевича. Сергей Дмитриевич еще в молодости оставил военную службу, обещавшую блестящую карьеру, ради занятий историей и литературой. Один из культурнейших людей своего времени, он стал историком рода, собирателем и хранителем семейных преданий, связанных с жизнью пяти поколений графов Шереметевых.

Сергей Дмитриевич оказался свидетелем многих переломных моментов в истории России: Крымской войны, освобождения крестьян в 1861 году, трагической гибели Александра II, событий 1905 года, первой мировой войны... Он, вероятно, чувствовал, что вековые устои России будут подвержены разрушению, и это чувство обостряло его желание удержать прошлое. Его издательская деятельность огромна. Восемь томов «Рода Шереметевых», составленные членом Общества любителей древней письменности Барсуковым, охватывают родословную Шереметевых с XIII по вторую половину XVII века; последующие тома, вероятно, выйти не успели. Написанные Сергеем Дмитриевичем воспоминания посвящены, в основном, событиям рубежа XIX и XX столетий.

В 1900 году С. Д. Шереметев выпустил книгу «Домашняя Старина», которой предпослал

Граф С. Д. Шереметев. 1890-е годы.
Архив Музея театрального и музыкального искусства.

посвящение: «...моим детям, внукам и их потомству». Он начал эту книгу словами: «Я старался описать наш старый дом с прошедшею в его стенах жизнию, с воспоминаниями о радостях и счастии, с заботами, скорбями и треволнениями давно минувших дней. ...Сознательно опираясь на прошлое и в чаянии светлого будущего пусть выступит молодое поколение — на служение Родине, навстречу радостям и испытаниям жизни».

Девиз графов Шереметевых — «Deus conservat omnia» — в переводе с латыни означает «Бог хранит все». Этот девиз входит в герб Шереметевых, украшающий арку ворот в северной части парадного двора Фонтанного Дома. Шереметевы понимали эти слова не только как выражение надежды на Бога, но и как обращение к человеку: Бог сохраняет все — в том числе, и через человеческую память, через слово, через стремление человека спасти то, что без него может погибнуть.

В сущности, Фонтанный Дом всегда был отчасти музеем. Здесь хранились коллекция оружия и вместе с ней седла фельдмаршала Бориса Петровича Шереметева и шведского короля Карла XII, золотые ключи от города Риги, поднесенные фельдмаршалу во время Северной войны. Здесь были собрания античной скульптуры и русских икон XVII—XVIII века, многие из которых связаны с семейными событиями; родовые портреты Шереметевых и Вяземских; уникальная библиотека и многое другое.

В конце 1890-х годов С. Д. Шереметев учредил «заповедное имение», не подлежащее дальнейшим разделам и переходящее по наследству старшему сыну. В него входили Фонтанный Дом, дом в Москве на Воздвиженке и некоторые другие вотчины Шереметевых. Он составил список предметов, которые всегда должны были оставаться в Шереметевском дворце; прежде всего это были семейные реликвии и коллекции произведений искусства.

Сергей Дмитриевич сделал заповедным подмосковное имение Вяземских — Остафьево, завершив дело, начатое его тестем, князем П. П. Вяземским. В остафьевском доме были созданы художественный, оружейный и другие отделы, Карамзинская комната и Пушкинская комната, ставшая первым в России музеем А. С. Пушкина. В 1899 году граф Шереметев объявил Остафьевский дом общедоступным музеем.

Граф был женат на внучке друга Пушкина, поэта князя Петра Андреевича Вяземского. Графиня Екатерина Павловна участвовала во всех сферах деятельности мужа: и в широкой благотворительности, и в работе ученых обществ, направленной на сохранение, изучение и издание памятников русской истории и литературы.

У Сергея Дмитриевича и Екатерины Павловны было пятеро сыновей и две дочери. Перед революцией в доме жило фактически несколько семей, соединенных родственными и дружескими узами. В 1913 году Фонтанный Дом посетил Патриарх Антиохийский и всего Востока Григорий IV и сделал в особой книге запись на арабском языке: «В 28-й день Февраля месяца 1913 г. ст. стиля мне привелось посетить дом графа Сергия Дмитриевича Шереметева в Петербурге и видеть его просторные помещения, богатые разнообразными памятниками древности, в особенности церковными. Из великого числа детей и внуков его я убедился в том, что этот дом, по словам Пророка, преисполнен благословения Божия, и я сказал себе: благословен муж, боящийся Господа, и несомненно, что лучшее основание в жизни человеческой есть основание благочестия, потому что оно делает здание прочным и благодать Божию продолжительной».

А между тем благословенному дому оставалось жить совсем недолго.

Поражение России в первой мировой войне, Февральская революция, отречение Николая II от престола и последовавшие за этим события стали для Сергея Дмитриевича крушением государственных ценностей, утверждению которых была посвящена жизнь всех Шереметевых. Об отречении царя от престола граф говорил как о «самоубийстве русской государственности».

В апреле 1917 года вся семья Шереметевых покинула Петроград, который Сергей Дмитриевич назвал «преступным городом». В это время он, вероятно, не раз вспоминал давнее пророчество царицы Авдотьи, первой жены Петра I, не любившей Петербург: «Быть пусту месту сему!» — слова, впоследствии ставшие одним из эпиграфов ахматовской «Поэмы без героя».

После Октябрьского переворота Шереметевы собрались в московском доме на Воздвиженке. Оставаться в России становилось опасно, но покинуть ее казалось немыслимо. 13 ноября 1918 года С. Д. Шереметев писал князю Н. С. Щербатову: «Дорогой Князь, Вы знаете, ныне арестованы после обыска четыре сына и оба зятя ... мне нездоровится, да и трудно поправиться...» Через месяц граф Сергей Дмитриевич Шереметев умер.

Род Шереметевых распался: одни эмигрировали; многие из тех, кто остался в России, подверглись репрессиям.

За год до смерти Сергей Дмитриевич, пытаясь спасти Фонтанный Дом от разрушения, решил передать его государству. Он послал в Петроград своего сына Павла. Павел Сергеевич встретился с народным комиссаром просвещения А. В. Луначарским, и 5 декабря 1917 года Луначарский подписал удостоверение о сохранении Фонтанного Дома и передаче его под охрану Рабочего и Крестьянского правительства.

Тем не менее в усадьбе оставался еще прежний порядок: петербургская контора Шереметевых переписывалась с главной, московской. Из этой переписки следует, что Шереметевы продолжали выплачивать жалованье кучеру, доктору, смотрителю и т. д., а также содержали на свои средства «пенсионеров графа», собирались ремонтировать дом и завершать начатые постройки. В доме Шереметевых, выходящем на Литейный проспект, и во флигелях сдавались внаем квартиры.

Однако 17 января 1918 года в печати появилось сообщение под названием «Реквизиция особняка гр. Шереметева», в котором говорилось, что «пустующий за отсутствием владельца дворец Шереметева, на Фонтанке реквизуется для нужд комиссариата» по иностранным делам. П. С. Шереметев снова отправился в Петроград.

В результате хлопот Павла Сергеевича 27 января 1918 года был назначен «комиссар и ответственный хранитель дворца-музея». Им стал член Художественно-исторической комиссии, сотрудник Эрмитажа Николай Гиацинтович Пиотровский.

Фонтанный Дом оказался первым историко-культурным памятником города при новой власти. Люди, создававшие музей, старались как можно меньше вторгаться в дворцовые интерьеры, желая сохранить образ жизни прежних хозяев дворца, его убранство и коллекции.

В 1918 году во дворце все еще оставались старые служащие Шереметевых, преданные памяти графа и его семьи.

В Фонтанном Доме жил и Владимир Казимирович Шилейко.

Он поселился здесь осенью 1916 года в качестве домашнего учителя внуков графа С. Д. Шереметева — Бориса и Николая.

Поэт и ученый Владимир (Вольдемар) Казимирович Шилейко родился 2 (14) февраля 1891 года в Петергофе, в небогатой семье чиновника, и очень рано стал заниматься изучением языков. В семь лет он самостоятельно учил древнееврейский. Гимназистом прочитал в подлинниках сочинения античных авторов, начал занятия Древним Востоком и вскоре уже переписывался на равных с крупнейшими востоковедами Европы. В период учебы на факультете восточных языков Петербургского университета он изучил шумерский, семитские, египетский, коптские языки•; им были опубликованы древневосточные тексты из русских собраний. В то же время Шилейко был признан одним из лучших европейских копировальщиков клинописных текстов.

В 1915 году вышла его книга «Вотивные•• надписи шумерийских правителей», в 1916 году ей была присуждена Большая серебряная медаль Российского Археологического Общества.

Возможно, место домашнего учителя было предложено ему графом Сергеем Дмитриевичем с тем, чтобы материально поддержать бедствующего молодого ученого, чей научный авторитет в середине 1910-х годов был уже очень высок. Шереметевы ценили компетентность Владимира Казимировича. Выбирая его в качестве домашнего учителя, они хотели обеспечить внукам соответствующий уровень образования.

У Шилейко были общие интересы с сыном С. Д. Шереметева графом Павлом Сергеевичем — историком, автором трудов по археографии и генеалогии. П. С. Шереметев состоял членом-корреспондентом Императорского Московского археологического общества (МАО). В январе 1916 года членом-корреспондентом МАО стал и Шилейко. Владимир Казимирович был в добрых дружеских отношениях и со всем семейством Шереметевых. Сохранились его стихи, посвященные старой графине Екатерине Павловне Шереметевой; они дают почувствовать атмосферу дома и царившее там уважение к памяти предков.

Вероятно, по инициативе В. К. Шилейко в мае 1916 года граф Павел Сергеевич Шереметев рискнул посетить декадентское литературно-артистическое кабаре «Привал комедиантов». О своих впечатлениях граф записал в дневнике: «...Поехали в "Привал комедиантов", где своды и стенная роспись мерзопакостного содержания и где целый ряд поэтов говорили стихи. В этом есть что-то больное и искривленное, но есть и здоровое искание красоты... Наш Влад[имир] Каз[имирович] Шилейко оказался здесь своим

ПРИМЕЧАНИЯ

•
В анкете 1926 года в графе «Какие знаете языки» был записан его ответ: «Знает около 40 языков». А сын В. К. Шилейко Алексей Вольдемарович утверждает, что отец знал 62 языка, древних и современных.

••
Вотивный (от латин. *votum* — обет, желание) — содержащий обет в честь высшего существа, бога.

человеком и также говорил свои стихи, и лучше других».

Первую половину 1917 года Шилейко провел на военной службе. Но воевать ему не пришлось: в конце июля по состоянию здоровья он был уволен из пехотного полка, где служил рядовым. В сентябре он сообщил матери своих воспитанников графине Елене Богдановне Шереметевой, что сможет продолжить занятия с детьми в конце сентября—начале октября. Занятиям помешала Октябрьская революция. Однако Шилейко вернулся в Фонтанный Дом и продолжал жить в том же северном садовом флигеле.

Видимо, тогда, осенью 1917 года, для него и Ахматовой начался какой-то важный период отношений, связанный с Фонтанным Домом.

Много лет спустя, уже в 1960-е годы, Ахматова попыталась восстановить события той осени и по памяти записала три стихотворения Шилейко, сделав под ними помету: «1 ноября (ст[арого] стиля) 1917 С. П[етербург] Фонтанный Дом (Шумерийская кофейня)».

«Шумерийской кофейней» называли комнату Шилейко, пропахшую кофе и заваленную табличками с шумерийской клинописью. А три стихотворения Шилейко спустя десятилетия слились в памяти Ахматовой и, по ее представлениям, заканчивались строчками:

В. К. Шилейко. 1910-е годы.
Архив В. А. и Т. И. Шилейко

Осталась ты, моя голубка,
Да он, грустящий по тебе.

На самом деле эти строчки завершают одно стихотворение:

> В ожесточенные годины
> Последним звуком высоты,
> Короткой песней лебединой,
> Одной звездой осталась ты.
>
> Над ядом гибельного кубка,
> Созвучна горестной судьбе,
> Осталась ты, моя голубка,
> Да он, грустящий по тебе.

Эти стихи, несомненно, обращены к Ахматовой. Ахматовская помета под ними, вероятнее всего, указывает дату и место ее встречи с Шилейко: в этот день Владимир Казимирович прочел стихи Ахматовой, или этот день послужил толчком для их создания.

Они были знакомы с начала 1910-х годов: Шилейко был тесно связан с «Цехом поэтов» — поэтическим содружеством, в которое входили Н. Гумилев, О. Мандельштам, А. Ахматова, М. Лозинский, М. Зенкевич, В. Нарбут и др. «...В 10-х годах, — вспоминала Ахматова, — составился некий триумвират: Лозинский, Гумилев и Шилейко. С Лозинским Гумилев играл в карты. Шилейко толковал ему Библию и Талмуд». Но главным для них, конечно, были стихи.

Стихотворными посланиями Ахматова и Шилейко обменивались давно. Стиль этого диалога, порою очень серьезного, исповедального, стал своего рода стилем их отношений еще со времени «Цеха поэтов» и «Бродячей собаки». Сохранилось воспоминание одной из современниц о том, как Шилейко, высокий, тощий, похожий на Фауста, с томом персидской поэзии под мышкой, ухаживал в «Бродячей собаке» за Ахматовой.

В 1913 году Ахматова посвятила ему стихи, начинавшиеся словами: «Косноязычно славивший меня...» Тема косноязычия поэта как знака божественного вдохновения была заимствована ею из адресованного Владимиру Казимировичу стихотворения Гумилева:

> ...И, символ горнего величья,
> Как некий благостный завет, —
> Высокое косноязычье
> Тебе даруется, поэт.

Ахматова говорила о божественном и суетном в жизни поэтов:

> Косноязычно славивший меня
> Еще топтался на краю эстрады.
> От дыма сизого и тусклого огня
> Мы все уйти, конечно, были рады.

ПРИМЕЧАНИЯ

Все стихотворения А. Ахматовой цитируются по изданию: Анна Ахматова. В 5 кн./Составление и примечания Р. Д. Тименчика и др. М., 1989. Кн. 1—4.

Но в путаных словах вопрос зажжен,
Зачем не стала я звездой любовной,
И стыдной болью был преображен
Над нами лик жестокий и бескровный.

Люби меня, припоминай и плачь!
Все плачущие не равны ль пред Богом?
Прощай, прощай! меня ведет палач
По голубым предутренним дорогам.•

Адресат, подхватив строчку, ставшую у него эпиграфом, написал ответные стихи — автопортрет, выдержанный в довольно мрачных тонах:

«Косноязычно славивший меня...»

Есть вера духа, жадная, простая, —
И верность сердца, взявшего свое:
Они вдвоем в другое бытие
Уводят мир, пути переплетая.

Но я не знал ни той свободной веры,
Ни этой скудной мудрости сердец:
Изгнанник неба, огненный гордец,
Я — косный камень. Только камень серый.

Чужой звезды неизмененный сплав,
Тяжелый гул падением создав,
Я опочил бессмысленно и праздно —
И вопию, и славлю безобразно.

Это стихотворение стало дарственной надписью на титульном листе только что вышедшей книги Шилейко «Вотивные надписи

Анна Ахматова. 1921 год, Петроград.
Фото М. Наппельбаума

шумерийских правителей», подаренной им Ахматовой 8 марта 1915 года. Ни поэзия, ни любовь не могли отвлечь его от науки, которой он был безгранично предан. Через много лет, вспоминая свое решение выйти замуж за Шилейко, Ахматова говорила, что ее привлекало быть полезной великому ученому.

О том, как состоялся развод с Гумилевым, Ахматова рассказывала молодому литератору Павлу Николаевичу Лукницкому, который пришел к ней в 1924 году, чтобы с ее помощью и участием собрать материалы о жизни Гумилева. По мере общения с Ахматовой он начал вести записи их разговоров.

Лукницкий писал, что в апреле 1918 года, когда Николай Степанович вернулся из-за границы, где был в составе Экспедиционного корпуса, продолжавшего военные действия, Ахматова попросила: "Дай мне развод". Он страшно побледнел и сказал: "Пожалуйста..." Не просил ни остаться, ничего не спрашивал даже. Спросил только: "Ты выйдешь замуж? Ты любишь?" АА• ответила: "Да". — "Кто же он?" — "Шилейко". Николай Степанович не поверил: "Не может быть! Ты скрываешь, я не верю, что это Шилейко"».

Гумилев не поверил Ахматовой, вероятно, потому, что дружеские отношения Анны Андреевны с Владимиром Казимировичем длились много лет, а кроме того, Шилейко, сутулый, болезненный, до странности погруженный в свою науку, наверно, не казался ему «ахматовским героем».

Вскоре развод с Гумилевым был оформлен.

В начале августа 1918 года Шилейко отправился в Москву в командировку от Коллегии по делам музеев и охране памятников искусства и старины. В его командировочное удостоверение была вписана и А. А. Шилейко. Лукницкий писал об этом со слов Анны Андреевны: «У него был мандат, выданный отделом охраны памятников старины и подписанный Н. Троцкой, удостоверяющий, что ему и его жене (АА) предоставляется право осматривать различные предметы, имеющие художественную ценность, и накладывать на них печати».

В сентябре Ахматова с Шилейко вернулись в Петроград, и Анна Андреевна поселилась у Владимира Казимировича в его комнате в северном служебном флигеле Фонтанного

Дома. В декабре того же года Шилейко зарегистрировал их брак в нотариальной конторе Литейной части Петроградской стороны. Ахматова при этом не присутствовала. В послереволюционные годы, когда старые традиции были уничтожены, а новые еще не появились, оформление брака или развода было несложной процедурой.

Осенью 1918 года Шилейко готовил к изданию том «Ассиро-вавилонского эпоса». Эта работа составляла главный смысл и содержание его жизни, и «Шумерийская кофейня» была заполнена глиняными табличками с клинописью, которые Шилейко переводил «с листа» вслух, а Ахматова с голоса записывала перевод. «Они выходили на улицу на час, — записал с ее слов Лукницкий, — гуляли, потом возвращались — и до 4 часов ночи работали... АА писала под его диктовку. По шесть часов подряд записывала. Во "Всемирной литературе" должна быть целая кипа переводов ассирийского эпоса, переписанных рукой АА...».

В эти годы Шилейко занимался как исследовательской, так и преподавательской работой: с 1918 года он ассистент при Отделении древностей Эрмитажа••, член Коллегии по делам музеев, член Археологической комиссии; с 1919 года заведует разрядом (отделом) археологии и искусства Древнего Востока Академии истории материальной культуры, в которую выбран академиком; читает лекции в Археологическом институте; кроме того, преподает в поэтической студии при издательстве «Всемирная литература».

Этот огромный объем работ был связан с необходимостью выжить и помочь нескольким близким людям. В военном билете Шилейко в графе «Семейное положение» обозначено: четыре человека. Видимо, речь идет о самом В. К. Шилейко, А. А. Ахматовой, ее сыне Льве Гумилеве, живущем в это время в Бежецке с бабушкой А. И. Гумилевой, и о матери Владимира Казимировича, которая жила отдельно, но находилась на иждивении сына.

Однако жалованья и пайков, получаемых Шилейко и — эпизодически — Ахматовой, все равно не хватало. «Три года голода, —

ПРИМЕЧАНИЯ

•
Аббревиатурой АА Лукницкий в тексте дневника обозначал имя и отчество Ахматовой.

••
Еще в 1913 году, числясь студентом Университета, Шилейко стал сверхштатным сотрудником Эрмитажа. В апреле 1918 года он был избран на штатную должность ассистента при Отделении древностей. Однако в ноябре 1918 года вышло циркулярное отношение Наркомпроса за номером 1561, ставящее под контроль совмещение служащими работ в различных учреждениях и получение ими жалованья и пайков. Эрмитаж, и без того нерегулярно выплачивавший Шилейко жалованье, окончательно прекратил выплаты. В декабре 1918 года В. К. Шилейко написал прошение об увольнении. На прошении — резолюция о его увольнении, подписанная комиссаром Эрмитажа Н. Н. Пуниным (будущим мужем А. Ахматовой).

вспоминала об этом времени Анна Андреевна. — Я ушла от Гумилевых, ничего с собой не взяв. Владимир Казимирович был болен•. Он безо всего мог обходиться, но только не без чая и не без курева. Еду мы варили редко — нечего было и не в чем, за каждой кастрюлькой надо было обращаться к соседям: у меня ни вилки, ни ложки, ни кастрюли».

Петроград жил по законам военного коммунизма, и обитатели Шереметевского дворца не были исключением. Ахматова рассказывала Лукницкому, что ее посылали рыть окопы у Литейного моста, чистить помойную яму, убирать снег на Фонтанке, мыть по наряду общую кухню.

«Летом (в августе 1920), — записал Лукницкий, — было критическое положение: Шилейко во "Всемирной литературе" ничего не получал. <...> Не было абсолютно ничего. Жалованья за месяц хватало на 1/2 дня (по расчету)». И тут неожиданно от писательницы Ларисы Рейснер, в прошлом — ученицы Николая Гумилева, которая после революции была комиссаром Генерального штаба Военно-морского флота, передали мешок риса. В Фонтанном Доме «все это время все были больны дизентерией. И АА весь мешок раздала всем живущим — соседям. Себе, кажется, раза два сварила кашу».

Поэтесса Надежда Павлович вспоминала, как однажды летним утром 1920 года она шла к Анне Андреевне. «Огромный шереметевский двор был залит солнцем. Вдруг я увидела, что она почти бежит по двору в платочке, в туфлях на босу ногу, с каким-то свертком в руках.

— Куда вы?
— К нашему дворнику. У него воспаление легких. Ставлю компрессы».

В комнате Шилейко нашел приют огромный чудный сенбернар, подобранный Владимиром Казимировичем на Марсовом Поле и названный Тапом••. Держать собаку в те голодные годы было большим мужеством.

Несмотря на катастрофический быт, жизнь Ахматовой и Шилейко была полна человеческого достоинства. Представить себе эту жизнь со стороны мы можем благодаря свидетельствам современников.

Дневниковая запись ученицы Шилейко по поэтической студии во «Всемирной литературе» Натальи Колпаковой, посетившей Фонтанный Дом осенью 1919 года, содержит описание комнаты Владимира Казимировича и поэтический портрет Ахматовой, какой она была в свои тридцать лет:

«В большой продолговатой комнате было почти темно. Только окна, не закрытые занавесками, белели туманными пятнами.

Высокие ширмы делили комнату поперек ... из-за ширмы вышла высокая, очень гибкая и тонкая женщина, зябко кутавшаяся в тонкий шелковый платок, покрывавший ее плечи. Легкой колеблющейся походкой Анна Андреевна подошла и протянула мне руку. Я назвала себя... <...> Меня пленил ее голос — такой глубокий, выразительный, негромкий. Анна Андреевна зажгла жестяную керосиновую лампу, поставила ее на стол, указала мне кресло подле полукруглого старинного дивана, стоявшего в углу, и сама села в другое, глубоко погрузившись в него. Пламя лампочки было маленькое, тусклое, едва освещавшее угол, где мы сидели, но при его мерцанье я все-таки могла разглядеть лицо Анны Андреевны, сидевшей спиной к свету. Не все его черты были правильны, но ощущение своеобразного обаяния и красоты охватило меня как-то сразу... <...> В надломе бровей и уголках сжатых губ сквозило что-то скорбное, взгляд был замкнут, будто уходил в какую-то бездонную внутреннюю глубину».

ПРИМЕЧАНИЯ

• У В. К. Шилейко был туберкулез.

•• «Петербург в начале революции был полон бродячих собак самых чудных кровей, — вспоминала Н. Я. Мандельштам. — Хозяева, удирая за границу, поручали собак преданным слугам, но в голод те повыгоняли их прочь. Шилейко подобрал сенбернара больного, голодного и несчастного, а в Москву с собой не взял, так что Тапка, безукоризненно воспитанный и благородный, остался в сложном семействе Пуниных».

Колпакова запомнила, как подробно расспрашивала Ахматова о ее отношении к Пушкину и Царскому Селу и рассказывала ей, молодой девушке, случайно оказавшейся у нее в гостях, о Лицее, Пушкине, Пущине, потом — об Иннокентии Анненском. В конце их беседы появился В. К. Шилейко, купивший по дороге спички и яблоки. Обогревшись после улицы и дождя, он читал шуточные стихи из «Антологии античной глупости», сочиненные в пору «Цеха поэтов» О. Мандельштамом в подражание гекзаметрам, когда-то написанным А. Дельвигом и Е. Баратынским:

— Странник, куда идешь ты? — Сегодня я был
         у Шилейки.
Знаешь ли, милый мой друг, пышно живет человек:
В мягких он креслах сидит, за обедом он кушает гуся,
Кнопки коснется рукой — вмиг зажигается свет...
— Если такие живут на Четвертой Рождественской
         люди,
Странник, ответствуй, скажи: кто же живет на
         Восьмой?!

Описанная Колпаковой сценка — это островок жизни посреди погибающего города, жизни хрупкой, непрочной.

«Вчера у Анны Ахматовой, — записал Корней Иванович Чуковский в своем "Дневнике" 19 января 1920 года. — Она и Шилейко в одной большой комнате, — за ширмами кровать.

В комнате сыровато, холодновато, книги на полу. У Ахматовой крикливый, резкий голос, как будто она говорит со мною по телефону. Глаза иногда кажутся слепыми. К Шилейке ласково — иногда подходит и ото лба отметает волосы. Он зовет ее Аничка. Она его Володя. С гордостью рассказывала, как он переводит стихами — a livre ouverte• — целую балладу, — диктует ей прямо набело! "А потом впадает в лунатизм".

25 января. Мороз ужасный. Дома неуютно. Сварливо. Вечером я надел два жилета, два пиджака и пошел к Анне Ахматовой. Она была мила. Шилейко лежит больной. У него плеврит. Оказывается, Ахматова знает Пушкина назубок — сообщила мне подробно, где он жил. Цитирует его письма, варианты. Но сегодня была чуть-чуть светская барыня; говорила о модах: а вдруг в Европе за это время юбки длинные или носят воланы. Мы ведь остановились в 1916 году — на моде 1916 года". Вот так оно и было вперемежку: сожаление об устаревших фасонах юбок — и занятия Пушкиным.

Сама Ахматова вспоминала, что в эти годы в Фонтанный Дом к ней не раз заходил Николай Гумилев.

Расставание не было легким ни для него, ни для нее, хотя к моменту развода у обоих уже давно была своя личная жизнь и союз их в значительной степени стал условностью.

Вскоре после развода Гумилев женился на Анне Николаевне Энгельгардт — по словам Ахматовой, «женился как-то наспех, нарочно, назло». Однако и с Ахматовой, и с Шилейко у Гумилева сохранились дружеские отношения.

Николай Степанович был в гостях в Фонтанном Доме в сентябре 1918 года, «...сидел час приблизительно, прочел два или три стихотворения из "Шатра", — рассказывала Ахматова Лукницкому. — Судя по тому, что он говорил, было видно, что очень стеснен в средствах и с трудом достает продукты.

Весной 1919 года в мае целый ряд встреч. Он приходил, Левушку приводил два раза. Когда семья уехала — приходил один, обедал у нас. <...>

"Отравленную тунику" Николай Степанович принес АА в 1919 году, летом <...> Раз я вернулась домой и на столе нашла кусочек шоколаду... И сразу поняла, что это Коля оставил мне...»

В 1918 году Гумилев вошел в число членов редколлегии издательства «Всемирная литература». Шилейко был привлечен к работе в издательстве по его инициативе. Гумилев поручил ему подготовить к изданию перевод «Комедии смерти» Теофиля Готье. Шилейко, рассказывая о Гумилеве этих лет, вспоминал:

ПРИМЕЧАНИЯ

• *A livre ouverte* (франц.) — с листа; буквально — с раскрытой книги.

«Его пожирал голод (и всех нас). Во всех смыслах голод. И физический и духовный...

Вся организационная работа делалась из-за денег, но у Николая Степановича был принцип — всему, что он делает, придавать какую-то субъективно-приятную окраску, и уж если приходится что-нибудь делать, то нужно, чтоб это было веселее».

В 1919 году в издательстве «Всемирная литература» вышел ассиро-вавилонский эпос «Гильгамеш». На обложке книги стояли два имени: Н. Гумилева — автора перевода, и В. Шилейко — автора предисловия. Гумилев переводил с французского по подстрочнику, но сам замысел этой работы был связан для него с именем Шилейко: впервые он услышал фрагменты «Гильгамеша» за несколько лет до того в переводе самого Владимира Казимировича.

Еще за год до выхода этой книги у Шилейко был готов свой перевод «Гильгамеша», сочетавший художественные достоинства с научной точностью. Шилейко сдал его в издательство Сабашниковых в Москве, но рукопись затерялась. Она не найдена до сих пор: сохранились и опубликованы только отдельные фрагменты.

Для Ахматовой «Гильгамеш» навсегда остался связан с двумя дорогими ей именами. Вот начало

Н. С. Гумилев. 1921 год, Петроград.
Фото М. Наппельбаума

поэмы в переводе Шилейко, повествующее о ее главном герое:

> Об увидавшем все до края мира,
> О проницавшем все, постигшем все.
> Он прочел совокупно все писанья,
> Глубину премудрости всех книгочетов;
> Потаенное видел, сокровенное знал
> И принес он весть о днях до потопа.
> Далеким путем он ходил — но устал и вернулся
> И записал на камне весь свой труд.

«Об увидавшем все до края мира...» — так можно было сказать о Николае Степановиче Гумилеве — герое, путешественнике, прошедшем по землям Египта и Абиссинии. «О проницавшем все, постигшем все» — это, скорее, о Владимире Казимировиче Шилейко, кабинетном ученом, который никогда не бывал на Ближнем Востоке, но рассказывал о Египте, Вавилонии, Ассирии так ярко, будто сам был свидетелем древних событий. Его знания и интуиция дали ему возможность сделать в востоковедении множество языковедческих и исторических открытий. Шилейко и Гумилев в сознании Ахматовой были связаны с древней поэмой так же тесно, как ее персонажи: Гильгамеш — герой-первопредок, защищавший людей от демонов, и Энкиду (в транскрипции того времени — Эабани) — равный ему по силе друг и спутник.

«Гильгамеш» — одно из самых древних эпических сказаний (27—26 вв. до н. э.) — воспринимался Ахматовой как своего рода первооснова, точка отсчета мировой культуры. В 1940 году она говорила Л. К. Чуковской: «А вы знаете "Гильгамеша"? Нет? Это великолепно. Это еще сильнее "Илиады". Николай Степанович переводил по подстрочнику, но В[ладимир] К[азимирович] переводил мне прямо с подлинника — и потому я могу судить».

Гомеровская «Илиада» тоже имела для Ахматовой личный смысл и была связана с памятью о Гумилеве и Шилейко.

Еще в 1916 году Гумилев, только что приехавший с фронта в Петроград, писал Ахматовой, которая была в Крыму, о том, что у Лозинского они вместе с Шилейко «пили чай и читали Гомера». «С "Илиадой" он (Гумилев. — Авт.) вообще не расставался, — вспоминала Ахматова. — Война 14-го года была для него Троянской войной, не иначе». Десятилетие спустя, в 1926 году, Лукницкий записал со слов Ахматовой: «В. К. Шилейко занимается сейчас изучением связи Гомера с Гильгамешем. А АА Гомера — с Гумилевым и Анненским. Интересно было бы, если б треугольник замкнулся». Том «Илиады» Гумилев брал с собой в африканские путешествия и на фронт. Взял и в тюрьму, когда в ночь с 3 на 4 августа 1921 года он был арестован по делу о так называемой «Петроградской боевой организации»•.

В августе 1921 года по тому же делу был впервые арестован и искусствовед Николай Николаевич Пунин, будущий муж Ахматовой. В следственном изоляторе ЧК на Гороховой улице он столкнулся с Гумилевым — одного вели на допрос, другого с допроса. Пунин описал эту встречу в письме: «Мы стояли друг перед другом, как шалые, в руках у него была "Илиада", которую от бедняги тут же отняли».

Вероятно, позже Пунин рассказал об этом Ахматовой и Шилейко. В 1926 году, когда Ахматова уже жила у Пунина в его квартире в Фонтанном Доме, Шилейко подарил ей такой же том «Илиады», какой был у Гумилева (издание 1829 года в переводе Н. И. Гнедича). На форзаце рукой Шилейко написано:

«"Я закрыл "Илиаду" и сел у окна".
На память о дочитавшем Гомера.
24. II. 1926.
Шилейко.»

Первая строка этой надписи — из стихотворения Гумилева «Современность», написанного еще в начале 1910-х годов:

> Я закрыл «Илиаду» и сел у окна.
> На губах трепетало последнее слово.
> Что-то ярко светило — фонарь иль луна,
> И медлительно двигалась тень часового.

На форзаце «Илиады» стоит также владельческая надпись Ахматовой:

«Анна Ахматова.
Шер[еметевский] Дом
3 янв[аря]».

Ахматова берегла эту книгу — в числе немногих памятных вещей. Сохранила и вложенный в нее листок с записью греческих и русских слов, сделанной рукой Шилейко••.

В 1940 году, когда уже не было в живых не только Гумилева, но и Шилейко, Ахматова написала стихи, в которых за собственным

ПРИМЕЧАНИЯ

• «Дело Петроградской боевой организации» было сфабриковано ВЧК. В 1921 году многим в России казалось, что большевистская диктатура зашаталась. Властям нужна была акция устрашения. Главой «Дела» был объявлен профессор В. Н. Таганцев. Он и несколько его соратников действительно размышляли о возможности восстания против большевиков и вели предварительные, «теоретические» разговоры с рядом потенциальных участников такого восстания. Однако ни организации, ни заговора в реальности не было. Ложно трактованные показания профессора Таганцева стали поводом для ареста целого ряда людей. Всего по «Делу Таганцева» было привлечено к уголовной ответственности более 800, а расстреляно более 100 человек.

•• В 1949 году Ахматова подарила эту книгу Ирине Николаевне Медведевой-Томашевской, когда та защищала кандидатскую диссертацию о Н. И. Гнедиче. На форзац книги Ахматова приклеила фотографию с портрета Гнедича. В 1989 году дочь Ирины Николаевны З. Б. Томашевская передала «Илиаду» в дар Музею Ахматовой.

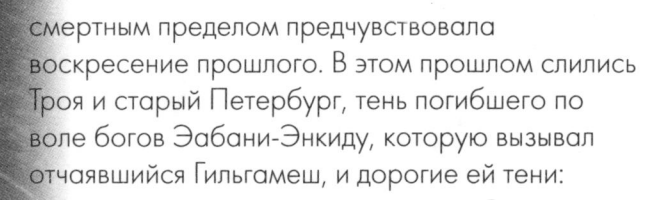

смертным пределом предчувствовала воскресение прошлого. В этом прошлом слились Троя и старый Петербург, тень погибшего по воле богов Эабани-Энкиду, которую вызывал отчаявшийся Гильгамеш, и дорогие ей тени:

Скоро я выйду на берег счастливый:

И Троя не пала, и жив Эабани,
И все потонуло в душистом тумане.

———

Живя в Фонтанном Доме в 1918—1920 годах, Ахматова писала мало. Стихи публиковались только в периодике. Переиздавались ранние ее сборники: «Четки» и «Белая стая». «Подорожник» — первая книга, собранная Ахматовой после революции, — вышел в 1921 году. «Подорожник» на самом деле назывался "Лихолетье". Меня отговорили друзья», — сказала Ахматова Л. К. Чуковской через много лет. Эпоха лихолетья отразилась и на внешнем облике сборника. Он напечатан на плохой бумаге, формат — чуть больше 1/4 тетрадного листа. Цензура этого сборника не коснулась, хотя в нем есть целый ряд «крамольных» стихотворений. Среди них — одно, написанное в Фонтанном Доме страшной зимой 1919 года:

В. К. Шилейко. 1928—1929 годы, Москва.
Архив А. В. и Т. И. Шилейко

> Чем хуже этот век предшествующих? Разве
> Тем, что в чаду печали и тревог
> Он к самой черной прикоснулся язве,
> Но исцелить ее не мог.
>
> Еще на западе земное солнце светит,
> И кровли городов в его лучах блестят,
> А здесь уж белая дома крестами метит
> И кличет воронов, и вороны летят.

Стихотворение поразительно по глубине понимания событий, неизбежных и гибельных, по христианской интонации приятия этой неизбежности, готовности погибнуть.

Именно в христианском мировосприятии Ахматовой коренится причина ее отказа от эмиграции. Нет оснований считать, что она возлагала какие-либо надежды на революцию. Остаться в России после революции для нее означало нести свой крест. Однажды летом 1926 года у них с Лукницким зашел разговор об эмиграции. «Ростовцев (историк, профессор) ругает оставшихся здесь и называет их предателями, потому что они работают на большевиков», — записал Лукницкий и привел следующее размышление Ахматовой, ставшее программой ее жизни: «Может быть два положения, чтоб было ясно: либо все уехали, либо все остались.

1. Все уехали. Нет Эрмитажа, Рембрандтовские полотна — вместо скатертей и половиков, потому что объяснить некому. Зимний дворец — груда пепла и в ней живут беспризорные.

Полный развал. <...> Иностранцы не вмешивались бы — ждали бы, что вот — новая Америка, которую они откроют и разделят.

2. Никто не уехал. Была бы общественность, сейчас ее нет, потому что слишком мало людей осталось. А тогда пришлось бы считаться. Те, кто уехали, спасли свою жизнь, может быть, имущество, но совершили преступление перед Россией ... если бы не уехало большинство профессоров — и уровень подготовки молодых был бы выше, молодые могли бы заменить старых...»

В стихах Ахматовой послереволюционных лет есть нечто общее со стихами Шилейко — и это больше, чем обычное для ее творческого метода цитирование строк современника.

Есть у Шилейко стихотворение, посвященное одному из первых великих страдальцев мировой литературы — библейскому Иову и начинающееся словами:

> Ничего не просил у Бога:
> Знал, что Бог ничего не даст.

В 1921 году Ахматова написала стихи, в которых скрытая цитата из стихотворения Шилейко обнажает связь с «Книгой Иова» и создает необыкновенно напряженное смысловое поле — от первоначального богоборчества до внутренней готовности услышать голос Бога, как услышал его Иов в своем безмерном страдании:

> Земной отрадой сердца не томи,
> Не пристращайся ни к жене, ни к дому,
> У своего ребенка хлеб возьми,
> Чтобы отдать его чужому.
> И будь слугой смиреннейшим того,
> Кто был твоим кромешным супостатом,
> И назови лесного зверя братом,
> И не проси у Бога ничего.

Вяч. Вс. Иванов, известный филолог и лингвист, заметил, что для Ахматовой и Шилейко характерно «единство аскетического отшельнического тона, для стихов Шилейко изначально заданного, а у Ахматовой постепенно возобладавшего. Вероятно, в поэтической биографии Ахматовой именно этим и обозначен прежде всего ее длящийся всю жизнь диалог с Шилейко».

Но при всей значимости отношений этих двух людей, их брак оказался непрочным.

С октября 1920 года Ахматова начала служить в библиотеке Петроградского агрономического института (Фонтанка, 6). От работы она получила две комнаты на Сергиевской улице•, в доме 7, где жила до осени 1921 года. Так закончился первый период жизни Ахматовой в Фонтанном Доме. Переезд на Сергиевскую она считала и концом брака с Шилейко, хотя полного разрыва отношений не произошло. П. Н. Лукницкий записал с ее слов: «Пока видела, что Шилейко безумен — не уходила от него, не могла уйти. В первый же день, как увидела, что он может быть без нее — ушла от него.

Уйдя от него, еще год прожила с ним в одной комнате — на Сергиевской, 7, куда пустила его, потому что он был бесприютен. И этот год — ни разу не была близка с ним.

Очень тяжелая жизнь была.

Потом он переехал в Мраморный дворец».

> Тебе покорной? Ты сошел с ума!
> Покорна я одной Господней воле.
> Я не хочу ни трепета, ни боли,
> Мне муж — палач, а дом его — тюрьма.
>
> Но видишь ли! Ведь я пришла сама...
> Декабрь рождался, ветры выли в поле,
> И было так светло в твоей неволе,
> А за окошком сторожила тьма.

Так птица о прозрачное стекло
Всем телом бьется в зимнее ненастье,
И кровь пятнает белое крыло.

Теперь во мне спокойствие и счастье.
Прощай, мой тихий, ты мне вечно мил
За то, что в дом свой странницу пустил.

Этот сонет, написанный в августе 1921 года, в 60-е годы Ахматова включила в цикл, посвященный Шилейко, и назвала этот цикл «Черный сон» (в другом варианте — «Дурной сон»). О браке с Шилейко она говорила Лукницкому: «К нему я сама пошла... Чувствовала себя такой черной, думала, очищение будет...

Пошла, как идут в монастырь, зная, что потеряет свободу, всякую волю».

В 60-е годы Ахматова рассказывала об этом периоде своей жизни А. Г. Найману. «О браке с Шилейко она говорила как о мрачном недоразумении, однако без тени злопамятности, скорее весело и с признательностью к бывшему мужу, тоном, нисколько не похожим на гнев и отчаяние стихов, ему адресованных: "Это все Коля и Лозинский: "Египтянин, египтянин!.." — в два голоса. Ну, я и согласилась"».

Ахматова считала Шилейко человеком, «невозможным для совместного обитания»,

ПРИМЕЧАНИЯ

- Ныне ул. Чайковского.

не раз вспоминала его «сатанинскую ревность»: он держал ее взаперти, запрещал выступать, заставлял сжигать, не распечатывая, все полученные ею письма, ревновал не только к мужчинам, но и к стихам, разжигал самовар рукописью сборника «Подорожник». Для нее, привыкшей в браке с Гумилевым к полной свободе, столь естественной для людей Серебряного века, такой стиль отношений был невозможен.

Официальный развод состоялся лишь 8 июня 1926 года, когда Шилейко решил оформить свои отношения с Верой Константиновной Андреевой, жившей в Москве.

Но дружеские отношения с Шилейко сохранялись. Расставаясь, они переписывались. В 60-е годы Ахматова показывала А. Г. Найману несколько писем Шилейко: они были написаны «каллиграфическим почерком, в изящной манере, с очаровательными наблюдениями книжного человека, с выписками на разных языках. Письма дружеские, не супружеские, с шутливой подписью вроде "Ваши слоны" и нарисованным слоном». Владимир Казимирович сохранил записку Ахматовой от 26 ноября 1928 года: «Милый друг, посылаю тебе мои стихотворения. Если у тебя есть время сегодня вечером — просмотри их. Многое я уже изъяла — очень уж плохо. Отметь на отдельной бумажке то, что ты не считаешь быть достойным напечатанным. Завтра зайду. Прости, что беспокою тебя. Твоя Ахматова».

8 декабря 1929 года Лукницкий записал в дневнике: «4-го был с АА у Шилейко. Он бледен, обильно кашляет кровью — ему недолго осталось жить. Квартира его умирает также — его выселяют, ибо дом перешел в другое ведомство. Но Шилейко уезжает в Москву. Он поручает АА вывезти его вещи и книги в Шереметевский дом. В субботу 7-го Шилейко уехал в Москву. АА провожала его с убеждением, что прощается с ним навсегда».

Владимир Казимирович Шилейко умер 5 октября 1930 года, не дожив до 40 лет.

Сделанного им в науке хватило бы на долгую жизнь. Однако имя Шилейко, к сожалению, полузабыто. Отчасти это связано с тем, что он не стремился непременно публиковать свои труды. Прекрасный поэт, он не выпустил при жизни ни одной книги стихов, печатался только в журналах, не хранил рукописи. До недавнего времени было известно всего около 50 его стихотворений, сейчас — около 80. Схожая ситуация и в науке. В семье известного пушкиноведа и эллиниста Б. В. Казанского сохранилось устное предание о Владимире Казимировиче. Внук Бориса Васильевича Казанского, Николай Николаевич Казанский, рассказал нам следующее: «Однажды в конце 20-х годов Шилейко зашел к деду и сравнил эпизод из "Илиады" с каким-то эпизодом из санскритской литературы (кажется, из "Рамаяны"). Дед пришел в восторг и сказал, что это надо немедленно публиковать. "А зачем? Каждый прочтет и сам увидит",— ответил ему Владимир Казимирович».

Многие работы Шилейко так и не были опубликованы. Среди неопубликованных — тот самый том «Ассиро-вавилонского эпоса». Он был подготовлен к печати в 1920 году, принят к изданию во «Всемирной литературе», затем — в издательстве «Academia», но оба издательства закрылись раньше, чем выпустили его в свет. Ряд рукописей Шилейко постигла трагическая судьба: они оказались утрачены. Так, до сих пор не найдена рукопись перевода древне-вавилонской эпической поэмы «Энума Элиш»•. Ахматова помнила о ней: в военные годы в Ташкенте она дала такое же название своей пьесе, которую, опасаясь обысков, сожгла в Ленинграде в конце 1940-х годов. Считается утраченным и архив В. К. Шилейко в Эрмитаже.

Однако, по словам Вяч. Вс. Иванова, «и то, что сохранилось, дает представление о громадном научном диапазоне В. К. Шилейко. Слова, определяющие размер дарования гения, — затасканные, их часто употребляют не по назначению. В случае Шилейко никакое другое не может верно обозначить ту глубину научного и поэтического чутья, проникающего в суть текстов, иной раз до сих пор оставшихся бы загадочными, когда б не ясность прозрений Шилейко, их изучавшего».

Так же высоко ценила Шилейко и Ахматова. Как вспоминает Вяч. Вс. Иванов, «она рассказывала о нем как о гениальном ученом, с восхищением... <...> Время, проведенное с Шилейко, она в этом разговоре измерила десятилетием...»

Всего два года длился первый период жизни Анны Ахматовой в Фонтанном Доме и, казалось, весь был посвящен научным занятиям ее мужа. Но Ахматова не была бы Ахматовой, если бы не жила собственной творческой жизнью. И в этой жизни не последнее место занимали Фонтанный Дом и его история.

Было что-то ирреальное в том, насколько сад и дворец оставались насыщены материальными знаками жизни нескольких поколений Шереметевых и при отсутствии хозяев. Полупустой дворец, во флигелях которого еще ютились старые слуги, сохранял поразительное ощущение плотности культуры. Прошлое оказывалось сильнее настоящего. Ахматова чувствовала себя его хранительницей.

Может быть, все началось с того, как они с Шилейко в Шереметевском саду осенью 1918 года пытались определить возраст поваленных бурей дубов по числу древесных колец. Вспоминая об этом в 60-е годы, Ахматова записала: «...сад, который старше Петербурга, как видно по срезам дубов. При шведах здесь была мыза»••.

Видимо, все последующие десятилетия Ахматова помнила шереметевские истории, которые ей рассказывал Шилейко, а он мог почерпнуть их прежде всего из рассказов С. Д. Шереметева или из его книг. «Семейные рассказы Шереметевых со слов В. К. Шилейки» достались ей как бы по наследству. Часть из них нашла отражение в «Записных книжках», которые она вела с конца 1950-х годов.

ПРИМЕЧАНИЯ

• Поэма названа так по ее первой строке, означающей «Когда вверху».

•• Документальных подтверждений тому, что на месте Шереметевской усадьбы была когда-то шведская мыза, не найдено. Но проведенные в начале 1990-х годов раскопки на парадном дворе показали, что в конце XVII — начале XVIII века здесь находились какие-то постройки.

Из всего шереметевского рода, связанного с Фонтанным Домом, Ахматова выделяла фигуру первого владельца усадьбы графа Бориса Петровича. И не столько за его военные и дипломатические заслуги, хотя воинским талантам фельдмаршала Шереметева Россия была обязана победой в Полтавском сражении, — Ахматовой он был интересен как личность. Подхватывая пушкинское определение «И Шереметев благородный», она продолжала: «...Надо думать, потому благороден, что отказался поставить свою подпись под ложным следствием о смерти Алексея». Смертный приговор, вынесенный по делу царевича Алексея, обвиненного Петром I в государственной измене, подписали 127 человек. Среди них были первые лица государства, многие из которых разделяли взгляды царевича и были связаны с ним. Только фельдмаршал Борис Петрович Шереметев не подписал этот приговор.

«Служа Петру, а в лице его — России, — писал его правнук граф Сергей Дмитриевич, — он не мог простирать эту службу до осуждения царской крови, и от смертного приговора царевичу Алексею решительно отказался. "Служить моим государям, а не судить их кровь — моя есть должность". Таковы слова его.»

Смерть царевича Алексея и могила его в Петропавловском соборе — «за двумя какими-то полуподвальными дверьми — под лестницей на колокольню...» — была для Ахматовой частью «симфонии петербургских ужасов», как называла она весь петербургский период русской истории.

В «симфонию ужасов» входил и дворец на Фонтанке. С ним была тесно связана еще одна трагическая история царствующего дома: история императора Павла I.

Минуя графа Петра Борисовича Шереметева — коллекционера, мецената, создателя шереметевского театра, при котором, собственно, и был построен дворец на Фонтанке, этот памятник елизаветинской эпохи — Ахматова шла дальше. Ее внимание привлекала история жизни его сына — графа Николая Петровича Шереметева, внука фельдмаршала, современника Павла I, и его жены — замечательной крепостной актрисы Прасковьи Жемчуговой.

С великим князем Павлом Петровичем, будущим российским императором, Н. П. Шереметев был дружен еще с юности: они вместе воспитывались. Немногие видели в Павле тот «честный, возвышенный характер, который, — по словам С. Д. Шереметева, — заслонен был причудами и сумбуром его болезненного воображения <...> Обманутый с молодых лет в самом священном чувстве любви к матери, а равно и в доверии к первой жене, цесаревич замкнулся и стал доступен лишь влияниям внешним, часто умышленно извращавшим события и явления...» После восшествия Павла I на престол граф Шереметев переехал в Петербург и стал устраивать в Фонтанном Доме концерты с участием Прасковьи Жемчуговой. Один из них был дан специально для императора. Восхищенный ее пением, Павел снял с руки драгоценный перстень и подарил ей. В «Записных книжках» Ахматова упоминала «...знаменитый "Белый зал" работы Кваренги, где когда-то за зеркалами прятался Павел I и подслушивал, что о нем говорят бальные гости Шереметевых»•.

Для большинства современников Павел I — деспот и безумец, от которого в любой момент можно было ждать расправы. О конце его царствования С. Д. Шереметев писал: «Признаки нервного возбуждения и уклонений от нормальности стали проявляться сильнее <...> Они отражались на ходе дел, вызывая тревогу и смуту во всех слоях общества. И в среде крестьянской вспыхнули волнения; в частности, испытал это и Николай Петрович <...> К началу 1801 года подошла внезапно угроза новой войны с походом неведомыми путями в Индию <...> Тогда проявилось то, на что указывает Пушкин:

Беда стране, где раб и льстец
Одни приближены к престолу...

Мрачный Михайловский замок, с кощунственной надписью "Дому Твоему подобает святыня Господня в долготу дней", служил последним убежищем несчастного Государя, порвавшего почти все связи с людьми, ему преданными и близкими, и отдавшегося в руки проходимцев и врагов».

Граф Николай Петрович оставался в числе нескольких друзей, которым Павел I продолжал верить, и отвечал императору беззаветной преданностью. В роковую для Павла ночь 11 марта 1801 года Николай Петрович был в Михайловском замке. «...За несколько часов до кончины его с ним ужинал и не воображал, что через три часа поражен буду печальнейшею вестью о внезапной кончине сего благотворителя моего и моей супруги», — писал сам Николай Петрович и рассказывал потом, что ему давно не приходилось видеть государя столь хорошо настроенным и разговорчивым. Павел вспоминал многое из давнего прошлого и казался спокойным. При этом за императорским столом едва ли не один только Шереметев не знал о предстоящем убийстве.

ПРИМЕЧАНИЯ

• Ахматова приписывала создание Белого зала Шереметевского дворца архитектору Джакомо Кваренги. Однако Белый зал был построен архитектором И. Д. Корсини на месте созданной Кваренги галереи. Строительство его относится к середине XIX века, когда ни Павла I, ни Н. П. Шереметева с П. И. Жемчуговой не было в живых.

Именно этот поворот сюжета: присутствие в стенах дворца Павла, близость Фонтанного Дома и Михайловского замка, мучительное, предательское убийство императора, — привлекал внимание Ахматовой. В петербургской истории она различала вечное присутствие тени замученного царя. «Павел смотрит из окна комнаты, где его убили, на павловцев, которые все курносые и загримир[ованные] им»; «...и два окна в Мих[айловском] Замке, которые остались такими же, как в том году (?) и за кот[орыми] еще убивают Павла...» — записала она.

Смерть Павла I казалась ей выражением страшной сути петербургской истории, как и не менее трагическая смерть его внука Александра II на гранитной мостовой набережной Екатерининского канала, в память о которой был поставлен храм Спаса-на-Крови.

Меж гробницами внука и деда
Заблудился взъерошенный сад.
Из тюремного вынырнув бреда,
Фонари погребально горят.

— писала она в стихотворении 1939 года, когда «тюремный бред» вплотную приблизился и к ее жизни: сын Ахматовой, Лев Гумилев, в это время был арестован и находился в Крестах. Человеческими страданиями наполнен воздух этого города и — воздух Фонтанного Дома.

Граф Николай Петрович Шереметев вместе с подмосковными имениями и домами в Москве и Петербурге унаследовал от отца крепостной театр, оркестр и хор. Служение искусству он считал главным делом своей жизни. «Отличительной чертою его было постоянное стремление к исканию и покровительству таланта, — писал С. Д. Шереметев. — В чем бы он ни выражался, он одинаково старался дать ему развитие, никогда не забывая, что на нем ложится ответственность за многих. Отсюда та любовь, которая его окружала, и то чувство, которое он внушал всем, кто испытывал на себе действие его забот и сочувствие».

Полюбив талантливую певицу Парашу Жемчугову, граф сделал ее хозяйкой своего дома. Но их отношения оставались вне церковного освящения, и это мучило молодую женщину, воспитанную в христианских традициях. У Прасковьи Ивановны начался туберкулез. Врачи запретили ей петь. «И тогда... я поборол бренные предрассудки света сего о неравенстве состояний, — написал Н. П. Шереметев позже в завещательном письме сыну Дмитрию, — и соединился с нею священными узами брака, который совершен в Москве в 1801 году, ноября в 6 день, в церкви Симеона Столпника, что на Поварской...»

Николай Петрович собирался приурочить объявление о свадьбе к рождению наследника.

Архитектор Джакомо Кваренги принялся за создание в Фонтанном Доме парадной галереи для свадебных торжеств. Однако вскоре после рождения сына Дмитрия, 23 февраля 1803 года, графиня Шереметева умерла.

Еще при жизни Прасковьи Ивановны по ее желанию в Москве был заложен Странноприимный Дом, который должен был «дать бесприютным ночлег, голодным обед и ста бедным невестам приданое». После смерти графини Шереметевой создание этого дома стало главным делом жизни Николая Петровича.

Николай Петрович уже никогда не оправился от этой потери. «...Во всем богатстве и пышности не находил я ничего увещевательного и целебного для изнемогшей души моей и тогда-то наипаче познал тщету их. Несчастные приключения переменили мои мысли и чувствования: я пожелал жить умеренно, моля Бога, чтобы обратил душу мою на пути правые...» — писал он в том же завещательном письме.

Письмо хранилось в комнате, в которой умерла Прасковья Ивановна. Эта комната располагалась рядом с домовой церковью и окнами выходила в сад. На месте кончины жены Николай Петрович поставил медную доску с надписью: «...покой сей есть место, где почтенная мать твоя, разрешась от бремени тобою, единородным сыном, и дав тебе жизнь, по 27-дневном страдании с терпением мужественным предала душу свою в руки живого Бога. <...> Не дерзай рушить, ниже переменить. Оставь сей печальный чертог навсегда себе в благоговейном сбережении...» Облик комнаты вскоре был изменен поселившимся здесь воспитателем Д. Н. Шереметева, но медная доска сохранялась во дворце многие годы — как сохранялся в саду посвященный ей памятник в форме античного саркофага с выбитыми на нем стихами. Вот одна из этих эпитафий в подстрочном переводе с французского:

> Я хочу видеть ее ускользающую тень,
> Блуждающую вокруг этого дома,
> Я приближаюсь, но вдруг эта тень пропадает
> И возвращает меня к моей боли, исчезая
>   безвозвратно.

Памятник графине простоял в саду, видимо, до середины 1930-х годов, так что Ахматова его застала. Вероятно, к надписи на нем восходит стихотворение, написанное ею в конце 20-х. Она несколько раз вносила его в «Записные книжки» и каждый раз ставила под ним помету — «Шереметевский сад»:

> И неоплаканною тенью
> Я буду здесь блуждать в ночи,
> Когда зацветшею сиренью
> Играют звездные лучи.

О ком эти строки? О себе? О непогребенном Николае Гумилеве, чья тень не нашла успокоения?

Вспоминая, что послужило первым толчком для рождения «Поэмы без героя», в 60-е годы Ахматова записала: «В дело вмешался и сам Фонтанный Дом: древние, еще шведские дубы, Белый (зеркальный) зал, где пела сама Параша для Павла I, уничтоженный в ... грот, какие-то призрачные ворота и золотая клинопись фонарей в Фонтанке и Шумерийская кофейня...»

И не важно, что во времена Параши Белого зала еще не было, а пела Жемчугова для Павла в так называемой Старой зале дворца. А о гроте и о «призрачных» Литейных воротах, созданных еще в середине XVIII века, Ахматова узнала только из книги Г. К. Лукомского «Старый Петербург. Прогулки по старым кварталам», которая попалась ей в 60-е годы. Лукомский писал, что грот, стоявший в саду, и Литейные ворота были уничтожены во время возведения торговых павильонов на Литейном в 1914 году. Однако все это она видела внутренним зрением поэта.

Облик сада с портиком манежа работы Кваренги, с полуразрушенными памятниками, архитектура дворца и сама фактура дворцового здания были наполнены для нее особым смыслом. Однажды во время прогулки в Петропавловскую крепость она сказала Лукницкому, что «очень любит просмоленное дерево (из него сделаны ворота•) <...> Сказала, что поэтому любит и двери Шереметевского дома — они такие. Эти ворота — "как двери в ад"».

Следующая эпоха жизни Шереметевского дворца, связанная с именем графа Дмитрия Николаевича Шереметева, прославившегося благотворительностью и меценатством, была особенно важна для Ахматовой: в это время в Шереметевском дворце, видимо, бывал А. С. Пушкин.

Имя поэта С. Д. Шереметев упоминает в своих книгах очень часто. Однако явно о пребывании Пушкина в Фонтанном Доме он не пишет. Лишь в книге «Домашняя Старина» есть фраза, которую можно расценить как доказательство этого: Пушкин «знал не только отца, но и Татьяну Васильевну». Упомянутая Сергеем Дмитриевичем Татьяна Васильевна Шлыкова — это бывшая танцовщица шереметевского театра, подруга П. И. Жемчуговой, после смерти Прасковьи Ивановны взявшая на себя воспитание ее сына. Граф Дмитрий Николаевич высоко ее почитал. У нее в гостях бывали поэты В. А. Жуковский и И. И. Козлов. Татьяна Васильевна никуда не выезжала, и слова о том, что Пушкин ее знал, равносильны свидетельству, что он бывал в Шереметевском дворце.

Граф Дмитрий Николаевич Шереметев даже оказался героем сатирической оды Пушкина «На выздоровление Лукулла»••, обличавшей корыстолюбие министра народного просвещения графа С. С. Уварова. Как муж двоюродной сестры Шереметева Уваров был его наследником. Когда Шереметев тяжело заболел, в свете стало известно, что Уваров принял меры к охране его имущества, надеясь им завладеть. Однако Дмитрий Николаевич выздоровел.

С. Д. Шереметев вспоминал: «Стихи Пушкина "На выздоровление Лукулла" отец знал наизусть, и я сам был свидетелем разговора между ним и Князем Петром Андреевичем Вяземским. Последний говорил об этих стихах и расспрашивал отца о поводах к ним и об известном предании. Отец решительно отрицал справедливость нарекания и хотя смеялся, но говорил, что ничего подобного не было».

В Фонтанном Доме, вероятно, был создан один из лучших пушкинских портретов.

Д. Н. Шереметев покровительствовал знаменитому художнику Оресту Адамовичу Кипренскому. В Фонтанном Доме у Кипренского была мастерская. С. Д. Шереметев писал о художнике: «...у отца он был как дома, да и некоторое время жил у него. <...> О. А. Кипренский постоянно нуждался в деньгах и только с помощью отца удалось ему съездить за границу, где он и умер». В 1824 году Кипренский создал портрет Дмитрия Николаевича на фоне анфилады Шереметевского дворца, а в 1827, по заказу А. А. Дельвига, написал портрет Пушкина•••.

Ощущение присутствия Пушкина в Фонтанном Доме было и у Шилейко, и у Ахматовой. В стихотворении Шилейко, посвященном жене Сергея Дмитриевича Шереметева Екатерине Павловне, есть строки:

> И дням безумным и неправым
> Приносит, дивная, она
> Былое гения и славы
> И роковые имена.

ПРИМЕЧАНИЯ

•
Невские ворота Петропавловской крепости.

••
Лукулл Луций Луциний (I век до н. э.) — римский государственный деятель, богач, особенно прославившийся своими роскошными пирами. Его имя стало нарицательным.

•••
В 1923 году в книге о Фонтанном Доме хранитель дворца-музея В. К. Станюкович писал: «О. А. Кипренский жил в нем до своего последнего отъезда в Италию, а предание добавляет, что в этом доме позировал ему для портрета А. С. Пушкин».

А сердце бьется: неужели
На этой памяти затих
Последний, горький вздох Рашели
И Пушкина последний стих?..

Все было так близко: ведь это отцу Екатерины Павловны — Павлу Петровичу Вяземскому в 1827 году Пушкин посвятил шуточные стихи:

Душа моя, Павел!
Держись моих правил:
Люби то-то, то-то,
Не делай того-то.
Кажись, это ясно?
Прощай, мой прекрасный!

Ахматова упомянула об этом в своих «Записных книжках» и тут же, продолжая распутывать клубок семейных связей, записала:
<u>«Сплетни</u>
[С. Д. Шереметев был в добрых отношениях с Ф. Тютчевым.]•
Старая графиня рассказывала Вл. К. Шилейко, что когда Тютчев приезжал к ее деду, все были шокированы из-за его истории с Денисьевой (!)••: Это тот самый, который, и т. д.»

Дед «старой графини» Екатерины Павловны — поэт Петр Андреевич Вяземский.

«П. А. Вяземский умер в Фонтанном Доме, — продолжает Ахматова. — В одной небольшой комнате окнами в сад и где еще в наше время стояла великолепная старинная печь, была медная доска: "В этой комнате умер князь Петр Андреевич Вяземский". Там же был его письменный стол».

Эти записи вводят в историю Фонтанного Дома имена еще двух поэтов: П. А. Вяземского и Ф. И. Тютчева.

Ахматова считала, что П. А. Вяземский жил и умер в той самой комнате, где они жили с Шилейко. А. Г. Найман записал с ее слов: «Шилейко был воспитателем детей графа Шереметева и рассказывал Ахматовой, как в ящике письменного стола в отведенной ему комнате, издавна предназначавшейся для учителей, обнаружил папку "Чужие стихи" и, вспомнив, что в свое время воспитателем в этой семье служил Вяземский, понял, что папка его, поскольку чужие стихи могут быть только у того, кто имеет свои. В эту комнату Шилейко привез Ахматову...»

Замечательная легенда. Но именно легенда. Причем ее авторами могли быть Шилейко или Ахматова, но никак не Шереметевы. К сожалению, биография князя П. А. Вяземского не дает ни малейших оснований считать, что он когда-либо служил воспитателем у Шереметевых. И умер он не в Петербурге, а за границей, в Баден-Бадене. В ахматовской легенде слились факты — это вообще было характерно для ее мифотворчества. Но легенда не есть вымысел, она обладает большой убедительностью и самостоятельной поэтической ценностью.

Петр Андреевич Вяземский действительно бывал в Фонтанном Доме. Определенное свидетельство об этом нам известно только одно — воспоминание С. Д. Шереметева времен его детства: «В первый раз видел я Князя Петра Андреевича в нашей домовой церкви на Фонтанке. Это было в пятидесятых годах. Помнится мне служба на Страстной неделе. Церковь была полна, и хор пел "Чертог" Бортнянского. <...> Вижу, как Петр Андреевич прислонился к стене и молился горячо...».

В домовой церкви Шереметевых бывали многие. Граф Дмитрий Николаевич, отличавшийся набожностью и унаследовавший от родителей склонность к музыке, создал великолепный церковный хор, которым управлял крепостной Шереметевых, известный композитор Г. Я. Ломакин. О хоре при Ломакине Сергей Дмитриевич вспоминал: «Лист плакал, слушая это пение...».

Видимо, Вяземский бывал у Шереметевых редко, так как Сергей Дмитриевич пишет, что в следующий раз он увидел Вяземского только в 1868 году — и не в Фонтанном Доме. Впрочем, с этого времени они виделись довольно часто, потому что в 1868 году С. Д. Шереметев женился на внучке Вяземского. Сергей Дмитриевич издал первое собрание сочинений Вяземского. Петр Андреевич успел принять участие в подготовке нескольких томов. Вероятно, в этот период он бывал у Шереметевых. Однако большую часть времени он проводил за границей, где и умер в 1878 году.

В Фонтанном Доме жил и умер не Петр Андреевич Вяземский, а его сын Павел Петрович. С графом С. Д. Шереметевым его связывали не только родственные отношения, но дружба и общее дело. Созданное в 1877 году Общество любителей древней письменности, выпустившее более 200 томов «Памятников древней письменности», было плодом их общего замысла. Заседания Общества проходили в Фонтанном Доме. Здесь же издавались тома Остафьевского архива князей Вяземских. Вместе они начали приводить в порядок и готовить к изданию материалы этого бесценного собрания, содержавшего бумаги семьи Вяземских,

ПРИМЕЧАНИЕ

• В квадратных скобках помещен текст, зачеркнутый Ахматовой.

•• Е. А. Денисьева — возлюбленная Тютчева, с которой он имел вторую, неофициальную семью.

автографы Пушкина, Карамзина, Байрона, Лермонтова, старинные рукописи и многое другое.

Будучи столь тесно связан с Шереметевыми, П. П. Вяземский поселился в Фонтанном Доме. Здесь в последние годы жизни он написал свои воспоминания о Пушкине и здесь скончался в 1888 году•.

Ахматова помнила памятную металлическую доску, посвященную князю Вяземскому. Для нее словосочетание «князь Вяземский» могло ассоциироваться только с князем Петром Андреевичем, одним из самых ярких и значительных современников и друзей Пушкина. П. А. Вяземский постоянно присутствует в «пушкинских штудиях» Ахматовой, его имя в связи с историей Фонтанного Дома было для Ахматовой своего рода продлением пушкинского присутствия в этих стенах.

Рядом с именем П. А. Вяземского Ахматова упомянула Ф. И. Тютчева. Вполне вероятно, что Тютчев бывал в Фонтанном Доме: с Шереметевыми он был в отдаленном родстве••. Сергей Дмитриевич Шереметев был с Тютчевым в добрых отношениях, хотя в своих воспоминаниях он ни разу не пишет о том, посещал ли Федор Иванович дворец на Фонтанке. Во всяком случае, встречи Тютчева с П. А. Вяземским, с которым он дружил еще с 1840-х годов, проходили не в этом доме. Одну из этих встреч•••, во время которой Вяземский читал свои стихи, Сергей Дмитриевич описывает очень ярко: «Кончилось чтение — и гости начали уже расходиться, а в углу гостиной завязался горячий спор, о чем — припомнить не могу. Спорил Петр Андреевич с Тютчевым, спор доходил почти до крика. Князь вскакивал и ходил по комнате, горячо возражая своему противнику. Не так ли, — думал я, — в былые годы спорил он со своими приятелями: с Пушкиным и другими».

Связь с Фонтанным Домом А. С. Пушкина, П. А. Вяземского, Ф. И. Тютчева требует дальнейшего исследования. Однако несомненно, что в атмосфере Фонтанного Дома их присутствие ощущалось всегда. В книгах С. Д. Шереметева они предстают живыми людьми, современниками, цитируются их стихи. Особенно же часто Сергей Дмитриевич вспоминает стихи Пушкина, который для него, как и для Ахматовой, был, кажется, мерой всех вещей.

Они вообще были похожи — лишенный своих владений граф и неимущая «жиличка»: оба считали своим главным достоянием память, своим главным делом — сохранение исторической и культурной памяти своей страны.

Как уже говорилось, осенью 1920 года, поступив работать в библиотеку Агрономического института, Ахматова получила две комнаты на Сергиевской улице, 7, где оставалась до осени 1921 года. Этот год она провела под одной крышей с Шилейко, но считала себя уже свободной.

Вероятно, тогда же возобновился ее роман с композитором Артуром Лурье (Ахматова рассказывала Лукницкому, что их первые встречи происходили в 1914 году). По настоянию Лурье, Ахматова оставила работу и поселилась с ним и своей подругой Ольгой Судейкиной на Фонтанке, 18. Здесь, в квартире Судейкиной, она прожила с осени 1921 по осень 1923 года. Артур Сергеевич Лурье — композитор-футурист, после революции был комиссаром Музыкального отдела Наркомпроса, затем научным сотрудником Петроградского института истории искусств. 17 августа 1922 года Лурье эмигрировал. Звал с собой Ахматову. Но она уехать из России отказалась.

Вместе с Ольгой Судейкиной они кочевали: с ноября 1923 года жили несколько месяцев на Казанской улице, 3, затем — на Фонтанке, 2, в квартире, полученной Ольгой Афанасьевной от Фарфорового завода••••, для которого она выполняла росписи по фарфору и делала фарфоровые статуэтки. В конце октября 1924 года эмигрировала и Судейкина.

ПРИМЕЧАНИЯ

• Маловероятно, что князь П. П. Вяземский умер в комнате, которую впоследствии занимал В. К. Шилейко. Северный флигель Шереметевской усадьбы носил название Конюшенный: когда-то там располагались конюшни и комнаты прислуги. Памятная доска и мебель князя могли быть перенесены во флигель позднее, после смерти П. П. Вяземского: в Фонтанном Доме вещи не раз меняли свое место. Впрочем, возможно, что квартира князя могла находиться в этом флигеле после того, как в 1879 году двухэтажный дом был надстроен еще на один этаж и соединен с дворцом галереей. (Четвертый этаж, по свидетельству И. Н. Пуниной, появился уже после отъезда Ахматовой и Пуниных из Фонтанного Дома.)

•• Родная сестра Ф. И. Тютчева — Надежда Николаевна Тютчева была замужем за Василием Федоровичем Шереметевым — из московской ветви Шереметевых, которые не были графами. Их сын (двоюродный брат Федора Ивановича) был женат на своей дальней родственнице (также из московской ветви Шереметевых), которая приходилась родной сестрой жене графа Дмитрия Николаевича Шереметева. О жене Д. Н. Шереметева, Анне Сергеевне, Тютчев не раз с симпатией отзывался в своих письмах.

••• Встреча, описанная С. Д. Шереметевым, произошла в 1868 году в доме князя Абамелека на Большой Морской улице, где тогда жили Петр Андреевич и Вера Федоровна Вяземские.

•••• В этой квартире (первый этаж, шестое окно от угла с видом на Неву) Ахматова пережила наводнение 23 сентября 1924 года. Это, третье по счету великое наводнение в истории Петербурга произошло через 100 лет после наводнения, описанного Пушкиным в «Медном всаднике». В 60-е годы Ахматова рассказала о нем М. И. Будыко: «Ураганный ветер на набережной, мокрые туфли. А.А. перебегала от фонаря к фонарю, хватаясь за них. В Летнем саду рушились старые липы. А.А. совершенно не боялась, в отличие от других случаев, не связанных с природой». Тема наводнения вошла в «Поэму без героя» и стихи Ахматовой.

39

И Анна Андреевна вновь вынуждена была искать себе приют.

4 ноября 1924 года она переехала в служебный флигель Мраморного дворца на Марсовом поле, в квартиру из двух комнат, которую в 1921 году получил Шилейко как член Российской академии истории материальной культуры (она тогда располагалась во дворце). Шилейко около семи месяцев в году проводил в Москве: он служил в Музее изящных искусств, не прекращая работы в Ленинграде. Из жалованья Шилейко в Академии Ахматова платила за квартиру, кормила и лечила сенбернара Тапа, отчасти сама существовала на эти средства.

Настоящего дома не было.

В октябре 1922 года Ахматова впервые побывала в гостях у Николая Николаевича Пунина, жившего в южном садовом флигеле Шереметевского дворца. А с 1924 по 1926 год ее жизнь была поделена между двумя дворцами. Иногда в течение одного дня Ахматова по нескольку раз перемещалась из Мраморного в Шереметевский и обратно, «чтобы позаботиться о Мраморном дворце с его Шилейками и Тапами», как ревниво замечал Лукницкий и продолжал: «Время у нее все разбито из-за того, что она не имеет своего жилища и живет между Шереметевским Домом и Мраморным Дворцом».

К концу 1926 года Ахматова переселилась к Пунину.

Спустя 40 лет, составляя план книги воспоминаний «Мои полвека», Ахматова назвала одну из глав «Мои дворцы» (или, в другом варианте, — «Дворцы и нищая жизнь в них»), имея в виду Шереметевский, Мраморный и дворец князя Волконского на Сергиевской, 7. Недолгое кочевье из дворца во дворец стало важной вехой в ее жизни.

В бытовом измерении «дворцовый» период был предельно сложным: постоянное безденежье, мысли о Леве, который по-прежнему жил в Бежецке с бабушкой, первые признаки негативного отношения к ней со стороны государства, так сказать, первые звоночки. В 1925 году ЦК партии принял, как считала Ахматова, устное решение о запрете ее стихов; с этого времени ее перестали печатать. «Кое-как была замурована в первую попавшуюся стенку», — замечала она.

Тем не менее эта неустроенная жизнь оказалась для Ахматовой окрашенной особым смыслом. Тени прошлого, наполнявшие эти полупустые и полузаброшенные дворцы, придавали жизни совершенно новое измерение, каким-то особенным образом скрашивали ее, наводили на размышления об истинных и мнимых ценностях. «Здесь так тихо, так спокойно, так далеко от людей», — говорила она Лукницкому и добавляла, что «не может понять людей, которые могут жить в комнате общегражданского типа».

«Весь воздух здесь до такой степени насыщен испарениями человеческой мысли и творчества, что эта атмосфера не рассеется целые десятилетия», — писал о послереволюционной жизни петербургских дворцов известный историк Г. П. Федотов.

Именно в эти годы Ахматова занимается историей архитектуры Петербурга, изучает творчество Гумилева, начинает свои пушкинские штудии, которые впоследствии войдут в статьи о Пушкине, учит итальянский и английский языки, читая в подлиннике Данте и Шекспира. По просьбе Пунина переводит с французского нужные ему для лекций книги об Энгре и Давиде, готовит для издания перевод монографии о Сезанне•, читает «Илиаду» и «Гильгамеша», стихи Ариосто, Кольриджа, Саути, Шенье, Бодлера, Леконта де Лиля, Альфреда де Виньи, перечитывает Державина, Батюшкова, Анненского. Это было время интенсивных творческих занятий, которые позже отразятся в стихах. Жизнь дворцов в послереволюционное время убеждала Ахматову в том, что сила человеческого духа побеждает и время и пространство. «Ее дворцы» оказывались хранителями вселенской памяти, а сама она осознавала себя их наследницей.

После смерти Гумилева Ахматову не оставляло чувство вины перед ним. «АА говорит, — писал Лукницкий, — что много горя причинила Н[иколаю] С[тепановичу], считает, что она отчасти виновата в его гибели — нет, не гибели, АА как-то иначе сказала, и надо другое слово, но сейчас не могу его найти (смысл — "нравственный")».

Но помнила она и слова Гумилева, сказанные в ответ на ее сожаления о том, что их брак не удался: «Нет, ты научила меня любить Россию и верить в Бога».

«Январь или февраль 1924-го — сон (три раза подряд видела Николая Степановича), — рассказывала она Лукницкому. — Тогда взяла записную книжку и записала краткую биографию••. Перестал приходить во сне».

В течение пяти лет, с 1924 по 1929 год, Ахматова помогала Лукницкому собирать материалы о Гумилеве. В результате был

ПРИМЕЧАНИЯ

• Перевод опубликован не был.

•• Краткую биографию Н. С. Гумилева.

составлен рукописный двухтомник «Труды и дни». Но его издание оказалось невозможным, потому что в конце 1920-х годов стало запретным само имя Гумилева.

Вышедшая в начале 1922 года книга Ахматовой «Anno Domini MCMXXI» была наполнена памятью о Гумилеве. Название книги в переводе с латинского означает: «В Лето Господне 1921». Такую надпись можно было увидеть на надгробных плитах: родился тогда-то, умер тогда-то от Рождества Христова. Уходила в прошлое целая эпоха. Для людей Серебряного века символом конца эпохи стали две смерти: Блока — 7 августа 1921 года и Гумилева — в августе того же года, предположительно 25 числа.

Занимаясь Пушкиным, Ахматова отметила один из главных мотивов его поэзии — тему загробной верности умершему (умершей) — в стихотворении «К молодой вдове», в «Каменном госте», в «Борисе Годунове», в «Заклинании». 15 апреля 1936 года, в пятидесятую годовщину со дня рождения Гумилева, она написала в Фонтанном Доме стихотворение под тем же названием — свое «Заклинание»:

> Из высоких ворот,
> Из заохтенских болот,
> Путем нехоженым,
> Лугом некошеным,
> Сквозь ночной кордон,
> Под пасхальный звон,
> Незваный
> Несуженый, —
> Приди ко мне ужинать.

Думая о Гумилеве и занимаясь Пушкиным, Ахматова нашла в пушкинской поэзии еще одну важную для нее самой нравственную тему — верности памяти погибших друзей. «Мысли о декабристах, т. е. об их судьбе и об их конце, неотступно преследовали Пушкина, — писала Ахматова. — Я не допускаю мысли, чтобы место их погребения было для него безразлично». Она знала о том, что в 1828 году Пушкин и Вяземский поехали «искать место казни и взяли на память 5 щепочек от помоста или от самой виселицы». («Меня прибивает к этим виселицам», — писал Вяземский жене.) Для Ахматовой эта история оказалась связанной с Фонтанным Домом: «С. Д. Шереметев, женатый на внучке Вяз[емского] Екат[ерине] Павловне (дочери — «Душа моя, Павел»), конечно, знал, в чем дело, а он пишет, что щепочки имели отношение к декабристам».

Хотя все эти идеи нашли отражение в ахматовской пушкиниане значительно позже, в 30-е — 60-е годы, импульсом для них были, несомненно, события начала 1920-х годов.

Как Пушкин разыскивал могилу казненных декабристов, так и она искала другую братскую могилу — казненных в 1921 году. В архиве Лукницкого сохранился план предполагаемого места погребения Гумилева в Бернгардовке под Ленинградом, составленный по ее описанию.

Было у Ахматовой и другое предположение о месте захоронения Гумилева. И. Н. Пунина вспоминает, как в августе 1945 года Ахматова поехала с ней на такси в сторону Ржевки — Пороховых. «Улица, по которой мы ехали, была похожа на проселочную дорогу. <...> В одном месте Акума• сказала шоферу, чтобы он притормозил и показала мне глазами на довольно высокую кучу, на которой росли репейники, крапива и отцветающие сорняки... Когда мы вернулись домой, она остановилась в коридоре, взяла меня за руку и тихо сказала: "На том месте расстреляли Николая Степановича. Ко мне пришел рабочий и сказал, что в ту ночь (25 августа) было слышно, как их расстреливали"».

Ахматова вспоминала, как в их последний совместный приезд в Бежецк в Духов День 1918 года, когда они навещали сына, Гумилев сказал: «Я сейчас почувствовал, что моя смерть не будет моим концом. Что я как-то останусь... может быть».

Он действительно остался — в своих стихах, в творчестве Ахматовой, в холодных послереволюционных дворцах, где она так много думала о нем, спасая его от забвения.

...Так получилось, что почти все пристанища Ахматовой в промежутке между первым и вторым пребыванием в Фонтанном Доме находились либо на Фонтанке, либо поблизости от нее. Казалось бы — случайность. Но в жизни Ахматовой случайности складывались в цельную картину, становились частью ее судьбы. «Я почувствовал, как, действительно, тебе должно быть важно жить в районе Фонтанки, на Фонтанке, где много Петербурга; не важен свет и еда — а Петербург», — написал ей однажды Пунин.

Это была правда. И в этом, наверное, одна из причин, почему Анна Ахматова вернулась в Фонтанный Дом.

ПРИМЕЧАНИЯ

• Домашнее имя Ахматовой.

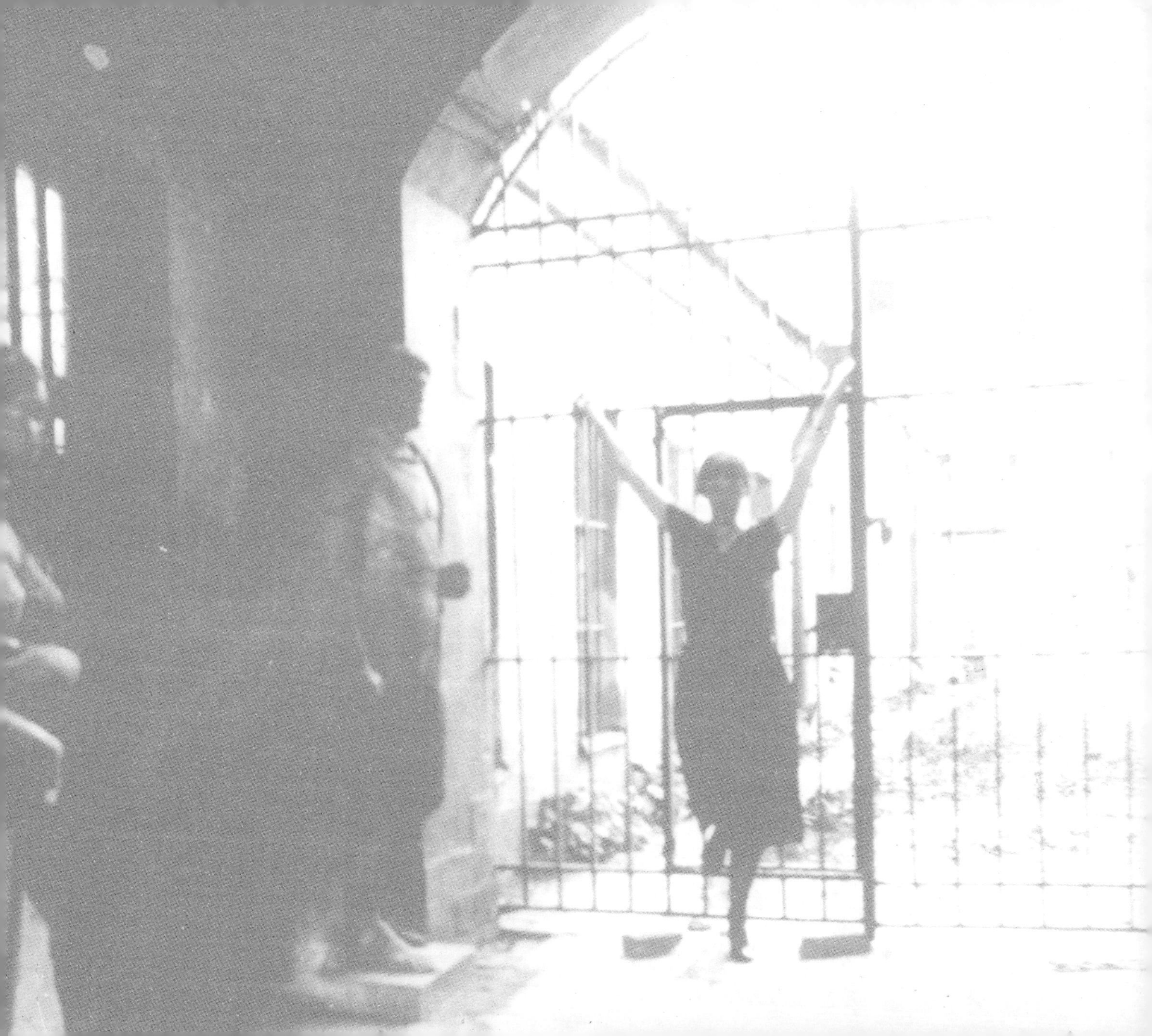

Глава вторая

Николай Николаевич Пунин получил квартиру в Фонтанном Доме в августе 1922 года. Существует устная легенда, что квартира эта в свое время (вероятно, в начале 1900-х годов) строилась к свадьбе дочери графа С. Д. Шереметева Марии Сергеевны, выходившей замуж за графа Александра Васильевича Гудовича•. Квартира, в которую въехала семья Пуниных, находилась на третьем этаже южного садового флигеля•• и была построена по анфиладному принципу, но каждая комната имела также двери в коридор. Пуниным выделили четыре небольшие комнаты, еще две принадлежали соседям. Благодаря тому, что в квартире было два входа, Пунины смогли отделиться, поставив в коридоре перегородку•••. Густонаселенная квартира соседей была образцовой дружной коммуналкой советского времени. А в квартире Пуниных сохранялась, насколько это было возможно, дореволюционная атмосфера. На укладе дома не могло не сказаться, что детство и юность Николай Николаевич и его жена провели в семьях, традиции которых уходили корнями в глубокое прошлое.

Поначалу в квартире жили только Н. Н. Пунин, его первая жена Анна Евгеньевна Аренс-Пунина, их годовалая дочь Ира и мачеха Николая Николаевича Елизавета Антоновна. В 1924 году

ПРИМЕЧАНИЯ

• Сообщено нам Анной Генриховной Каминской — искусствоведом, внучкой Н. Н. Пунина. Большая часть приведенных в книге сведений о квартире Пунина и ее обитателях получена нами от дочери Николая Николаевича — Ирины Николаевны Пуниной. В музее хранится ряд магнитофонных записей рассказов И. Н. Пуниной и А. Г. Каминской.

•• Флигель был построен в 1845 году по проекту И. Д. Корсини. Тогда он был двухэтажным и носил название Новый Кухонный флигель. В 1881 году архитектор Н. В. Султанов сделал к нему небольшую пристройку. В 1911—1914 годах архитектор М. В. Красовский надстроил флигель на один этаж и расширил его. Четвертый этаж, по словам И. Н. Пуниной, был надстроен Арктическим институтом уже после того, как Ахматова и Пунины выехали из Фонтанного Дома.

••• До того, как была поставлена перегородка, коридор разделили наваленными доверху корзинами. Таким образом получилось две квартиры: номер 44, в которой жили Пунины, а впоследствии и Ахматова, и номер 46, состоявшая из двух комнат соседей и нескольких комнат, располагавшихся через лестничную площадку (на ней находилась кухня).

здесь поселилась домработница Пуниных Анна Богдановна Смирнова (Аннушка), а в 1925 году — и ее сын Женя.

Ахматова впервые пришла в гости к Пунину 19 октября 1922 года, и в тот же день он написал ей в письме: «Какая странная и ровная пустота там, где ты еще час назад наполняла все комнаты и меняла размеры всех вещей». А спустя три месяца он записал в дневнике: «Вечером потом я вспоминал, как она спросила: "Рад, что я пришла?" Отвечал я довольно глупо: "Еще бы". Я не рад, а счастлив был полным белым счастьем, так что все стало тихим и чистым, как в снегу. (Ан.•, это счастье, когда ты у меня.) В моей квартире — у самых окон деревья сада — в окна видны ветки в снегу; Ан., придя, так наполнила комнату, что похоже было: ко мне пришла в гости сама зима, только теплая».

Возвращение в Фонтанный Дом, где «много Петербурга», было осложнено для Ахматовой присутствием в квартире первой семьи Пунина. Однако, по словам А. Г. Каминской, «Ахматова любила хорошие, красивые дома. Когда она приходила к Пунину, ее, может быть, поначалу это привлекало. Она, может быть, пришла на год-на два, а осталась навсегда». Действительно, атмосфера подлинного дома, ощущение развитой корневой системы семейных связей — для безбытной Ахматовой это могло быть важно.

Н. Н. Пунин у дверей Южного садового флигеля Фонтанного Дома. Около 1925 года

Началом доверительных и близких отношений Анны Андреевны и Николая Николаевича послужил «ночной разговор» между нею, Пуниным и Лурье, состоявшийся 10 августа 1922 года, за неделю до отъезда Лурье в эмиграцию. Пунин был другом и единомышленником Лурье. Сохранилась записка Ахматовой, посланная вскоре после отъезда Лурье: «Николай Николаевич, сегодня буду в "Звучащей раковине"•• Приходите». Рядом — приписка Пунина: «Я сидел на заседании в "Доме искусств", когда мне подали эту записку; был совершенно потрясен ею, так как не ожидал, что Ан. может снизойти, чтобы звать меня, это было еще до разговора об Артуре».

Однако познакомились Ахматова и Пунин задолго до этих событий. Лукницкий записал со слов Ахматовой:

«1914. 24 октября. Встреча с Пуниным в поезде по дороге в Царское Село. Здесь впервые они заговорили друг с другом (формально АА знакома с Пуниным была и раньше, но до этого дня им не приходилось вступать в разговор)».

А Пунин вспоминал:

«Осенью <1914 года> я побывал у Ахматовой дома <...> Вскоре я стал бывать в доме Гумилевых на заседаниях "Цеха поэтов"; в Х книжке "Гиперборея" были напечатаны мои стихи».

Но им казалось, что они должны были узнать друг друга много раньше. В пунинском дневнике 1924 года есть запись: «"Я не могу тебе простить, — сказала Ан., — что дважды ты прошел мимо: в XVIII-м веке и в начале XX-го". Как, действительно, случилось, что мы не встретились, когда еще были в гимназии, как случилось и потом, что, будучи у Ан. раза три (у Гумилевых), прошел мимо, мало бывал, оттого, что...

В 1890 г. осенью мы, может быть, тоже встречались в колясках в Павловском парке — мы тогда постоянно жили в Павловске; Ан., если она верно высчитала, тогда привезли в Павловск, и они жили там до Рождества, ей было несколько месяцев».

Действительно, детство и юность обоих были связаны с Павловском и Царским Селом. Отец Н. Н. Пунина, военный врач, переехал в Павловск из Гельсингфорса, где Пунин родился в 1888 году.

ПРИМЕЧАНИЯ

•
Так в дневнике Пунин называет А. А. Ахматову.

••
«Звучащая раковина» — литературная студия послереволюционного времени.

Н. Н. Пунин учился в Царскосельской Николаевской мужской гимназии, директором которой был поэт Иннокентий Анненский (в этой же гимназии учился и Н. С. Гумилев, который был двумя годами старше Пунина). Анненский был также попечителем Царскосельской женской гимназии, где училась Ахматова.

В январе 1923 года Пунин записал в дневнике: «Целый день чувствовал в темноте и шуме Павловского парка темный ее лик. В моей любви — благоговение; больше всего боюсь причинить ей боль, и все — желание повторять слова о ее внешнем облике: о лице, о волосах, о руках, и как сидит на полу; она сидит, как девушка с кувшином в царскосельском парке».

В 1914 году Пунин редко бывал у Гумилевых, потому что его в это время притягивал к себе другой дом — дом Аренсов.

Генерал-лейтенант флота Евгений Иванович Аренс был начальником Царскосельского Адмиралтейства, где находилась и его служебная квартира. Большая семья Аренсов привлекала царскосельскую молодежь. Их дом называли «салоном наук и искусств». В начале десятых годов здесь часто бывали братья Пунины, в том числе Николай Николаевич, отзывавшийся о сестрах Аренс как о «принцессах духа», а об их брате Льве как о «маленьком принце».

В 1913 году Александр Пунин женился на Зое Аренс, а в 1917 году Николай Пунин взял в жены младшую из трех сестер — Анну, которую все близкие звали Галей.

В семейном архиве Пуниных сохранилась любительская фотография масленичного маскарада в Адмиралтействе. Кто-то в турецкой чалме, кто-то в костюме восточного звездочета. Все молоды и веселы, и на дворе 1913 год. В пестрой толпе можно различить сестер Аренс и братьев Пуниных. И даже, кажется, Николая Гумилева.

Ахматовой не было на том маскараде, да и в доме Аренсов она была лишь раз, в 1910 году: после свадьбы Николай Степанович повел ее в Адмиралтейство, чтобы представить жене Евгения Ивановича — Евдокии Семеновне, с которой была дружна его матушка. Но царскосельское прошлое объединяло и Ахматову, и Пунина, и Анну Евгеньевну, особенно в послереволюционные годы всеобщей ломки и перемен.

Двухвековая история Царского Села, тень Пушкина в царскосельских парках — это было одинаково важно и для Пунина, и для Ахматовой. В квартире Николая Николаевича на Фонтанке всегда стояла на мольберте гравюра М. Рундальцова с портрета Пушкина работы Кипренского — как знак присутствия

Пушкина в Фонтанном Доме. В годы совместной жизни с Ахматовой Пунин иногда ядовито цитировал слова Гумилева, который говорил ей, когда бывал сердит: «Ты поэт местного, царскосельского значения». И это определение Ахматова принимала: кроме обиды, слышала в нем, вероятно, важный и лестный для себя оттенок.

Возможно, сближению Ахматовой и Пунина в 1922 году послужил еще и конкретный литературный повод. 17 и 22 сентября в двух номерах газеты «Правда» появилась работа Льва Троцкого «Внеоктябрьская литература». Автор объявлял несостоятельным творчество всех «внешних и внутренних эмигрантов». Статьи Троцкого, одного из вождей революции, публиковались через две недели после указа о высылке из страны многих представителей культурной элиты: философов, литераторов и т. д. Эти статьи воспринимались интеллигенцией как предупреждение о возможности дальнейших мер борьбы с теми, кто не пошел навстречу революции. Среди «внутренних эмигрантов» Троцкий назвал и Ахматову.

Пунин, яростный сторонник искусства авангарда — того искусства, которое должно было, с его точки зрения, сформировать у общества новое художественное сознание, «внутренним эмигрантом» не был. После Февральской революции 1917 года он — один из самых инициативных деятелей искусства Петрограда, в 1918–1921 годах — один из руководителей отдела ИЗО Наркомпроса, комиссар. Был кандидатом в члены РКП(б), но после ареста 1921 года (когда он месяц провел в тюрьме) от намерения вступить в партию отказался. В 1922 году он уже не комиссар, но по-прежнему активно сотрудничает с советской властью. Пунин позволил себе не согласиться с Троцким (что означало не согласиться с позицией государства) и высказал свое мнение в статье «Революция без литературы». Статья была анонсирована в печати, но в свет не вышла.

«Троцкий… проскакал где-то очень далеко от места боя, где вот уже не первый год идет борьба не только за новую литературу, но и за новую культуру, новую "с ног до головы"», — писал Пунин. Тех, кто творит новую культуру, он не называл, но подразумевал прежде всего левых художников и поэтов — круг, ему близкий: это Татлин, Малевич, Хлебников, Маяковский и т. д.

«Троцкий пишет: "Лирический круг Ахматовой, Цветаевой, Радловой и иных действительных и приблизительных поэтесс, очень мал. Он охватывает самое поэтессу, неизвестного в котелке или со шпорами и непременно бога — без особых примет". <…> Ну, а что если бы

49

лирический круг Ахматовой охватывал самое поэтессу, неизвестного в кожаной куртке или с красноармейской звездой и какого-нибудь бога — с приметами, например, религиозного сознания Луначарского, была бы тогда Ахматова в "октябрьском состоянии" или не была?

Боюсь, что была бы.

И это страшно. Не смешно и не глупо, как, вероятно, думают многие, а страшно. Значит, вся суть столь всеми нами ожидаемого "октябрьского" переворота в искусстве будет заключаться в том, что кто-то другой войдет в лирический круг. Значит, достаточно перевести стрелку своего "творчества" на "какие-нибудь советские объекты" и вот — новая литература?

...Почему славить Бога ораторией Баха или миниатюрой Фуке более художественное занятие, чем делать то же самое стихами Ахматовой?» — восклицал Пунин.

Пафос статьи заключался в сущности в том, чтобы советская власть оставила в покое представителей «старой» культуры и обратила свое внимание на «новую». Избрав такую тактику защиты Ахматовой, Пунин (который был всего на год ее старше) тем самым причислил ее к поэтам «одного из предшествующих поколений». Себя он считал человеком другого, футуристического направления. Чуть позже, вспоминая начало их отношений, он даже

А. А. Ахматова в кабинете Н. Н. Пунина. 1926 год.
Фото Н. Пунина

объяснял их роман якобы свойственным Ахматовой желанием устроить «зрелище особого порядка», чтобы рядом с ней оказался человек, у которого репутация «новатора, футуриста, грозы буржуазной обывательщины, первого в городе скандалиста, непримиримого».

Дух небывалых перемен, тревоги, мятежа, царивший в это время в стране, отразился и в стихах, написанных Ахматовой в сентябре 1922 года и, без сомнения, посвященных Пунину:

Небывалая осень построила купол высокий,
Был приказ облакам этот купол собой не темнить.
И дивилися люди: проходят сентябрьские сроки,
А куда провалились студеные, влажные дни?
Изумрудною стала вода замутненных каналов,
И крапива запахла, как розы, но только сильней.
Было душно от зорь, нестерпимых, бесовских и алых,
Их запомнили все мы до конца наших дней.
Было солнце таким, как вошедший в столицу мятежник,
И весенняя осень так жадно ласкалась к нему,
Что казалось — сейчас забелеет прозрачный подснежник...
Вот когда подошел ты, спокойный, к крыльцу моему.

Ахматовой не были близки попытки левого искусства, оторвавшегося от всей прежней культуры, создать нечто абсолютно новое, созвучное разрушительному механистическому веку. Не была ей близка и идея уничтожения цивилизации во имя культуры, провозглашенная Н. Пуниным и его другом, филологом Е. Полетаевым в 1918 году в их книге «Против цивилизации». Но масштаб ее личности был таков, что не позволял ей остаться лишь в прошлом, где ее пытались запереть. Она хотела знать и понимать время, в которое жила, страну, в которой осталась. Пунин, как и Лурье, стал для нее проводником в «новый мир»: она доверяла им, потому что оба они были людьми из ее прошлого, из того культурного слоя, который формировал ее саму.

В юности Пунин печатался в журнале «Аполлон», где публиковались и Ахматова с Гумилевым. Первоначально его профессиональные интересы были связаны с искусством Византии и древнерусской иконописью. С 1913 года Пунин работал в Русском музее и был одним из создателей отдела иконы. Его преклонение перед иконописью было связано со свойственным ему религиозным чувством, хотя он сознавал свою неготовность к полноте веры. В дневнике 1913 года он записал: «Как часто говорю я: суета и пустое, — но жизнь по ту сторону мира для меня закрыта. Я еще слишком тщеславно люблю все, что вокруг, и Бог для меня скрыт. Я знаю время, в которое живу, и себя в этом времени». Даже в годы революции, когда жизнь, казалось бы, была посвящена сиюминутному, Пунин писал: «Без религии не может быть настоящего мироощущения; может быть мировоззрение, чаще — точка зрения на мир, но полное ощущение бытия мира невозможно без религиозного чувства».

Занявшись искусством авангарда, Пунин отчасти перенес на него свое отношение к иконе, «поверил» в него. Главным кумиром нового искусства, создателем «новой формы» для Пунина был Татлин, создавший фантастический художественный символ своего времени: модель памятника III Интернационала.

Однако ни новой власти, ни новому искусству не удалось совершить тех всеобъемлющих социальных и духовных перемен в обществе, на которые надеялся Николай Пунин. В 1925 году он записал в дневнике: «В политическом отношении мы чувствуем себя как бы за концом, должен был быть уже давно конец, а его все нет — от этого пустота; в отношении культуры мы отброшены лет на 50 назад — от этого духота»; «...и чем глубже проникаешь в толщу административных слоев, тем зловоние их ужаснее; гниет и смердит кишащая неподвижная масса — так называемый административный аппарат»; «Не страдаем, как страдали, например, в 18—22 годах (страдания тех лет были несомненно плодоносными), а задыхаемся, вянем и сохнем».

Новое искусство оказалось не нужно советской власти. Но Пунин не эмигрировал. И не перестал высказывать свои взгляды на искусство даже тогда, когда в стране был провозглашен единый для всех творческий метод — соцреализм.

С этим человеком, во многом ей противоположным, в очень непростых условиях Анна Ахматова прожила дольше, чем с кем-либо другим — 16 лет. И мало кто из современников с такой глубиной и точностью понимал и определял сущность ее личности.

«12 мая 1924 года. Ан. была недавно на "Орфее" Глюка. Сегодня сказала, глядя на один старый дом: "Когда я думаю или вижу XVIII век, я всегда чувствую, что вся эта беспечность, легкомыслие и жизнерадостность — только кажущиеся; им хотелось быть жизнерадостными и веселыми, но такими они не были; для меня эти барашки и пастушки неотделимы от революции, а парики всегда и тотчас напоминают мне головы в париках на пиках, такими мы их и знаем".

Все это, сказанное Ан., очень для нее характерно и вовсе не мрачностью ее мироощущения, а ее чувством морали. <...> Она уже никогда, ни в каком кажущемся благополучии не может забыть о том, что страдания мира неустранимы, ничем не могут быть уменьшены. Из этого строится ее система отношений к людям и к "политике". Меня всегда удивляет, до какой степени ее искусство, родившееся в кругу густого эстетизма (Гумилев, Вяч. Иванов и пр.) — насквозь морально, нравственно в смысле внутреннего оправдания жизни. Смутно где-то и что-то заставляет вспомнить Достоевского...»

По дневниковым записям и письмам Пунина к Ахматовой 1920-х годов можно проследить историю их отношений.

«Она чудесная. Сохранила полное живое чувство к миру, чем-то (интуицией) напоминает Татлина, удивляется часто тому, к чему мы уже привыкли; как я любил эти радостные ее удивления: чашке, снегу, небу... Ее лицо преимущественно женское, я себе всегда представлял такую женщину или очень похожей; мне казалось, что моя мать такое же имела лицо; у Юноны нижняя часть лица такой же конструкции».

Но вскоре появляется ощущение нарастающего внутреннего драматизма. «Это уже не любовь, Анна, не счастье, а начинается страдание»; «Наша любовь была трудной, оттого она преждевременно и погибла; ни я, ни она

А. А. Ахматова в кабинете Н. Н. Пунина. 1927 год
Фото Н. Пунина

не смели ее обнаружить, сказать о ней, освободить для нее свои жизни»; «...Наша любовь была всегда мучительна, для меня, по крайней мере, — темная радость и сладкая гибель — так всегда я ее и звал. Если действительно пришел конец — а мне тоже что-то чувствуется, — то у меня только одно желание — и конец этот домучиться с тобою».

В библиотеке Ахматовой сохранился сборник стихотворений Тютчева 1888 года. На одной из страниц рукой Ахматовой отчеркнуто четверостишие и сделана надпись: «4 дек[абря] [19]25 года. Гадала на Н. Н. П.». Гадала на Пунина, пытаясь заглянуть в будущее. Книга открылась на строфе:

> О как убийственно мы любим,
> Как в буйной слепоте страстей
> Мы то всего вернее губим,
> Что сердцу нашему милей.

Через много лет, в записной книжке шестидесятых годов, Ахматова записала: «Николай Николаевич Пунин часто говорил обо мне: "Я боролся с ней и всегда оставался хром, как Иаков"».

Расстаться они не могли. Но Ахматова не спешила насовсем поселиться в доме, где оставалась Анна Евгеньевна Аренс, не желавшая развода. Разорвать эти отношения оказалось

А. Е. Аренс и Ира Пунина. 1925 год. Фото Н. Пунина

невозможным и для Николая Николаевича: к Анне Евгеньевне он был глубоко привязан. В письме Ахматовой в 1923 году он писал: «Шел, чтобы сказать тебе: я не отчаялся когда-нибудь быть с тобою, так думать неверно; но тронуть А. Е. ("убить ребенка") я не могу только себя ради, не по силам и нельзя». С Ахматовой его связывало совсем иное чувство, не дававшее ни ощущения прочности отношений, ни надежды на общий дом. Об этом говорят его письма к ней и дневниковые записи 1922—23 годов: «...но вечер такой мягкий и петербургский, "ахматовский" — черты твоего нежного лица во всем городе, под всеми фонарями дышит на меня твое лицо; с улицы не хочу уйти, как будто ухожу, расставаясь с тобой, цыганка, как я люблю в тебе эту склонность к бродяжничеству, к беспечной безответственности, как у православной Кармен, когда ты крестишься на встречную церковь, как будто и в самом деле под Богом ходишь, а такая грешница. Люблю и не хочу без тебя, если б даже и мог, тихо утешен тобою»; «Если бы даже в состоянии был разрушить дом, ничего бы не спасло; ну, на год пришла бы, а потом ушла бы все равно»; «Не ее — во грехе, в суете, в тщеславии и распутстве не смел обидеть, но ангела в ней. Ангел ее много уже страдал от нее, но я не знаю человека, в котором жил бы такой большой и чистый ангел в таком темном греховном теле».

Несмотря на драматизм ситуации, к концу 1926 года Ахматова перебралась в Фонтанный Дом (оставив за собой возможность возвращаться в Мраморный дворец), а 30 августа 1927 года была прописана в квартире Пунина, что было необходимо по условиям советского паспортного режима. И для всех троих — Пунина, Анны Евгеньевны и самой Ахматовой — не было другого выхода, как принять происшедшее как данность, по возможности сохраняя дружеский стиль отношений.

Ахматова поселилась в кабинете Пунина: отдельной комнаты для нее не было. В квартире жили Пунины, мачеха Пунина Елизавета Антоновна, домработница Аннушка с сыном Женей. В 1927 году Елизавета Антоновна уехала жить к младшему сыну, но в 1929 году Анна Евгеньевна взяла к себе отца — Евгения Ивановича Аренса, который и умер здесь, в Фонтанном Доме, в 1931 году.

В трудную минуту в квартире Пуниных находили приют родственники и друзья. В середине 30-х годов здесь около года провел брат

ПРИМЕЧАНИЯ

- Имеется в виду библейский сюжет: «И остался Иаков один. И боролся Некто с ним, до появления зари; И увидев, что не одолевает его, коснулся состава бедра его, и повредил состав бедра у Иакова, когда он боролся с Ним... И сказал: отныне имя тебе будет не Иаков, а Израиль; ибо ты боролся с Богом, и человеков одолевать будешь». (Ветхий Завет, Книга Бытия, гл. 32.)

Николая Николаевича — Александр Николаевич Пунин с женой Зоей Евгеньевной и дочерью Мариной. С 1935 года в Фонтанном Доме жил племянник Анны Евгеньевны Игорь, отец которого, Л. Е. Аренс — биолог, поэт-футурист, близкий кругу Хлебникова, был арестован, а мать выслана. Игорь умер в больнице в апреле 1942 года.

В 1938 году Ирина Николаевна Пунина вышла замуж за Генриха Яновича Каминского, который тоже поселился в этой квартире. В 1939 году у них родилась дочь Анна. В 1941 году Генрих Каминский пошел на фронт и в том же году был арестован по ложному доносу; в 1943 году умер в Тайшетлаге в возрасте 23 лет. Семья считала его пропавшим без вести. В 1946 году Ирине Николаевне без всяких объяснений сообщили, что она может получать за погибшего мужа пенсию.

После войны в квартире Пунина около года жили Зоя Евгеньевна Аренс с дочерью Мариной, а также оставшаяся без крова вдова художника Петра Ивановича Львова — Августа Ивановна, с дочкой Ириной и внуком Алешей.

Даже на стоявшем в коридоре, у перегородки, сундуке, доставшемся Ахматовой от Ольги Судейкиной, нередко спали гости, в частности Осип Мандельштам. В начале 30-х годов на нем спал Лева Гумилев, а после войны некоторое время — внучка Пунина Аня.

Несмотря на тесноту и материальные трудности, в доме сохранялся уклад, принятый в старых петербургских семьях. Хозяева и гости собирались по вечерам в столовой, где над столом, как некое домашнее солнце, висела лампа с абажуром («Никогда не сдергивайте абажур с лампы! Абажур священен... У абажура дремлите, читайте — пусть воет вьюга, — ждите, пока к вам придут», — писал в романе «Белая гвардия» М. Булгаков, рассказывая о крушении дворянской семьи Турбиных). Евгений Иванович Аренс, даже в последние годы своей жизни сохранявший необычайную выправку и выдержку морского военного человека, к завтраку и обеду всегда выходил в кителе: в синем — зимой, в белом — летом.

Когда в 1926 году к Ахматовой приехала погостить ее мать Инна Эразмовна Горенко, Анна Андреевна вынуждена была попросить Пуниных приютить ее. В это время Ахматова ночевала в Мраморном дворце и приходила в Фонтанный Дом встречаться с матерью•. Одну из встреч описал в своем дневнике П. Лукницкий:

«Мы пришли в Шереметевский дом. АА представила меня своей матери. Высокого роста старушка. Есть что-то татарское в лице. Сморщенное лицо и дряхлый голос; держится прямо, но чуть-чуть припадает на одну ногу. АА в разговоре с ней — стояли друг против друга —

смотрит на нее мерцающим, ласковым, ясным-ясным взглядом. И говорит с ней ласково, в этой ласковости пробиваются, смешиваясь, нотки дочернего подчинения и чуть-чуть снисходительной доброты к более слабому существу.

ПРИМЕЧАНИЯ

• Инна Эразмовна Горенко приехала 18 апреля 1926 года из местечка Шелехова Слобода Подольской губернии, где жила у своей сестры. 27 апреля, после отъезда В. К. Шилейко в Москву, Инна Эразмовна перебралась к дочери в Мраморный дворец.

•• В данном случае мы имеем дело с еще одной ахматовской легендой. Эта легенда связана с рождением ее псевдонима (подлинная фамилия Анны Андреевны — Горенко). То, что род Ахматовых вел свое происхождение от хана Ахмата, никакими документами не подтверждается. Образ татарской княжны, «бабушки-татарки», гневающейся на внучку за то, что она крещена, созданный Ахматовой в устных рассказах, в записных книжках, в «Сказке о черном кольце» — также часть этой легенды. Ахматовы — старинный дворянский род, вероятно, имевший в основании татарского предка, но давно обрусевший. Ахматовой была прабабушка Анны Андреевны по материнской линии, Прасковья Федосеевна, в замужестве Мотовилова, умершая в 1837 году, задолго до рождения внучки. Прасковья Федосеевна жила с мужем в патриархальной простоте, в имении близ Симбирска, и, как множество русских женщин того времени, не умела ни читать, ни писать. Обо всем этом Анна Ахматова могла прочитать в воспоминаниях своего деда Э. И. Стогова. Но эти факты разрушили бы легенду, которая была важна для Ахматовой. Интересно то, что в Фонтанном Доме задолго до Анны Андреевны уже бывал человек с фамилией Ахматов — ее дальний родственник, о котором она, вероятно, ничего не знала. Это был генерал Алексей Петрович Ахматов, в 1862—1864 годах — обер-прокурор Святейшего Синода. В 1861 году, по воспоминаниям С. Д. Шереметева, он посещал службы в домовой церкви Фонтанного Дома. Алексей Петрович был двоюродным племянником Прасковьи Федосеевны Ахматовой, а Анне Андреевне приходился четвероюродным дедушкой.

Кабинет Пунина опустел: из него вынесли письменный стол, который поставили в спальне. Кабинет предоставлен Инне Эразмовне».

1 мая Лукницкий записал после беседы с Ахматовой: «Рассказывала о своих предках — то, что ей рассказывала Инна Эразмовна. Ее дед Стогов (Эразм Иванович?) стариком напечатал мемуары, в которых подробно рассказывает о своем роде. Напечатано в каком-то морском и литературных журналах (два раза). АА находит сходство своего рода с родом Гумилева: со стороны матери все очень хорошо известно, много моряков; со стороны отца известно очень мало — раскольничья семья... Иван Дмитриевич Стогов (прадед АА) был, по преданию, колдуном. Так знали и звали его крестьяне. Стоговы, при Иоанне Грозном жившие в Новгороде, участвовали в восстании и были сосланы в Московскую губернию <...> Ахматова — бабушка Инны Эразмовны — от хана Ахмата, того, который был последним ханом на Руси»••.

Это была последняя встреча Анны Андреевны со своим детством, со своей семьей. Отца, сестер и старшего брата в это время уже не было в живых. Младший брат Виктор жил на Сахалине, а впоследствии за границей.

Прогостив в Ленинграде три недели, Инна Эразмовна поехала к сыну на Сахалин, а в 1929 году вернулась оттуда в Шелехову Слободу, где и умерла в мае 1930 года.

Расставание Анны Андреевны с матерью описано П. Н. Лукницким: «Я взял в руки чемодан и корзинку и хотел взять третий тюк — с постелью и мягкими вещами. АА, однако, понесла его сама, изгибаясь под тяжестью его, вытягивавшего ей руку... В другой руке у АА была корзиночка с провизией. Инна Эразмовна... плелась, все время отставая, сзади. На ней был черный старо-старушечий зипунчик, древняя круглая — такие носят дряхлые помещицы, да, пожалуй, монахини — шапка с черной наколкой, скрывавшей всю ее голову и оставлявшей открытым только небольшой овал сморщенного лица, где добротой, мирной приветливостью и стеснительной учтивостью отливали глаза».

Выйдя из вагона, в котором сидела Инна Эразмовна, Анна Андреевна «подбежала к окну и как-то нервно крикнула: "Мамуся!" Последние минуты глядели друг на друга через стекло. Я наблюдал за АА... На один момент... я заметил особенно острый, пронзительный, воспаленный взгляд — глаза АА делаются такими блестящими и острыми только в редкие минуты ее жизни. Два-три шага по перрону, и внешнее равновесие было восстановлено — взгляд стал обычным, и дальше АА уже была спокойна. Я вспомнил, что она никогда не плачет. АА побежала за вагоном...»

В 1940-е годы в первой из своих «Северных элегий» Ахматова создала образ матери — и поместила его в Петербург эпохи Достоевского и Толстого:

> И женщина с прозрачными глазами
> (Такой глубокой синевы, что море
> Нельзя не вспомнить, поглядевши в них),
> С редчайшим именем и белой ручкой,
> И добротой, которую в наследство
> Я от нее как будто получила, —
> Ненужный дар моей жестокой жизни...

В 1927 году Ахматову и Пунина ожидала первая долгая разлука: с 24 марта по конец июля Николай Николаевич ездил в Японию — в качестве комиссара выставки «Искусство и революция», организованной Русским музеем.

По дороге из Москвы во Владивосток часть вагонов поезда, в котором ехал Пунин, упала набок. Никто не погиб. Вагон с материалами выставки не пострадал. Николай Николаевич был ранен в голову, но не тяжело — и продолжил путь.

Из письма Пунина Ахматовой:

«Теперь немного страшно вспоминать те секунды, в особенности железный скрежет машины, освобожденной от ритма, кот[орый] ей дан, кот[орым] она порабощена; так остро чувствовал вражду и злобу этой машины, ее бесформенный лязг и скрежет, которым она хотела и могла убить; только одну секунду и дано ей было это, а потом страшно еще было второе, когда все кончилось, и я понял, что кончилось, но все в мире, казалось мне, погибло, а жив в нем только я один. Тогда я вспомнил о тебе и подумал: ну вот, это мы и предчувствовали». Это описание своеволия машины, несущей гибель людям, есть большее, чем рассказ о крушении.

Пунин — идеолог искусства авангарда, воспевавшего век машинизации и скоростей, готового к разрушению старого искусства и к человеческим жертвам во имя новых целей. Но в момент крушения Пунин думает на языке, далеком от стилистики авангарда: «...я думал, что Ангел сохранил и спас...»

«А.А. рассказывала, — вспоминает Ирина Николаевна Пунина, — что предстоящая поездка Пунина ее пугала. Беспокойные предчувствия она позже связала с фотографией, сделанной перед отъездом Н[иколая] Н[иколаевича] в Японию. На негативе этого снимка оказалась поврежденной эмульсия — в том самом месте на лбу, в которое, спустя месяц, Н[иколай] Н[иколаевич] был ранен при крушении».

Пунин тоже испытывал тревогу за Ахматову. Разлука тяготила его, и Анна Андреевна старалась его успокоить: «Милая Радость, я уже получила три письма из Токио. Николушка, не унывай, стыдно. Дома все благополучно. Уверяю тебя, что здесь совсем не плохо, тепло, тихо, никто нас не обижает. Я здорова, вчера (1 мая) ездила в Ц[арское], была в парке, ты со мной, как всегда милый и дерзкий... Клянусь тебе, здесь все в порядке, Галя лелеет меня, Ира здорова — все тебя любят, ждут и хотят, чтобы ты был также безмятежен. Береги нашу любовь, когда мы так тяжело разлучены».

Среди живописных работ, отправившихся в Японию, был портрет Ахматовой работы Кузьмы Петрова-Водкина. Пунин прислал Ахматовой номер японского журнала, в котором была напечатана фотография портрета. А возвратившись, привез ей нитку жемчуга, японский веер — и рассказ о том, что в Японии читают ее стихи, русисты изучают ее творчество.

В Японии Пунин узнал и толкование домашнего имени Акума, данного Анне Андреевне еще Шилейко. «Когда я немного познакомился с японским языком, — писал он, — мне твое имя "Акума" стало казаться странным... Я спросил одного японца, не значит ли что-нибудь слово — Акума. Он, весело улыбаясь, сказал: это злой демон, дьяволица... Так окрестил тебя В. К. в отместку за твои речи». Впоследствии это имя настолько закрепилось в семье Пуниных, что и внучку Николая Николаевича Аню Ахматова стала называть Акумой-младшей.

Ахматова разделяла интерес Пунина к Японии, проявившийся еще в 1910-е годы, когда Николай Николаевич опубликовал в «Аполлоне» очерк «Японская гравюра». В Фонтанном Доме бывали гости из Японии. Японский славист Кандзо Наруми, преподаватель японского языка на восточном факультете Ленинградского университета (в круг его общения входили Н. Н. Пунин, Д. Д. Шостакович, А. Н. Толстой, музыкальный критик И. И. Солертинский, композиторы А. В. Гаук и Ю. А. Шапорин), навестил Ахматову в Фонтанном Доме в 1931 году и записал в «Дневнике» свои впечатления от этого визита:

«19 июня.

В восемь вечера к Анне Андреевне.

Позвонил, открыла прислуга. Сообщил, зачем пришел, она сразу же скрылась в дальней комнате, но вскоре появилась опять и повела меня по длинному, со множеством поворотов, коридору в кабинет(?). Я вошел; здесь уже находился смуглый, слегка полноватый, коренастый мужчина южного типа. Нас сразу познакомили. Харджиев Ник[олай] Иванович, исследователь футуризма. Она села на диван, предложив мне кресло напротив. На ней было светло-желтое с мелким рисунком длинное платье из сурового льняного полотна. Начала говорить, сравнительно медленно и четко произнося слова...

"Как было бы прекрасно, если бы вы написали воспоминания", — сказал я. "Что вы говорите?" — промолвила она и грустно улыбнулась. Я продолжал: "... я видел анонс, сообщающий, что в Издательстве писателей в Ленинграде выйдет двухтомник ваших стихотворений•. Когда он выйдет? Я его очень жду".

Ее ответ был ясным и коротким: "Не напоминайте мне об этом! Никогда их не будет. Они меня не любят". Короткое молчание. Я вновь собрался с духом и заговорил о другом.

Она курит, похоже, что с удовольствием. Делая затяжки, прикрывает глаза — и тогда становится особенно привлекательной. Откинувшись на спинку дивана, она иногда закрывала глаза. В эти моменты я понимал, как она красива. И каждый раз украдкой любовался ею.

Подарил ей полотенце с нарисованным портретом Садандзи•• в роли Тогаси и конверт с картиной укие•••, она обрадовалась, как дитя.

И пояснила: "Садандзи мой любимый артист". Потом добавила, что вообще не любит театр, но "Наруками" в исполнении Садандзи произвел сильное впечатление, какого она не испытывала никогда прежде.

ПРИМЕЧАНИЯ

• В 1924 году Ахматова заключила договор с издательством «Петроград» о выпуске собрания ее стихотворений в двух томах, но издание не пропустила цензура. В 1929 году П. Лукницкий писал Л. Горнунгу: "Вы спрашиваете об АА <...> Собрание ее стихотворений разрешено Гублитом на том условии, что из I-го тома будет выкинуто 18 стихотворений, а из 2-го — 40. Иначе говоря, собрание издаваться не будет..." В Музее Анны Ахматовой в Фонтанном Доме находится корректура двухтомника с пометами Ахматовой и Лукницкого. Корректура относится к 1926 году.

•• Актер театра Кабуки, в 1928 году гастролировавшего в Советском Союзе.

••• Японская школа рисунка и гравюры на дереве XVII—XIX вв.

•••• Известный японист, преподававший в университете японский язык и литературу.

••••• Аналогичный японский фонарик в 1994 году был подарен Музею Анны Ахматовой И. Н. Пуниной для кабинета Н. Н. Пунина.

•••••• Скульптор Н. Я. Данько в 1924 году работала над статуэткой Ахматовой прямо в Фонтанном Доме: И. Н. Пунина вспоминает, что Ахматова позировала в столовой. Данько продолжала работу над статуэткой на Фарфоровом заводе, где руководителем художественного отдела был Н. Пунин, что давало ему возможность помочь получить заказы целому кругу художников, в том числе К. Малевичу, Л. Бруни, П. Львову, О. Глебовой-Судейкиной. Фарфоровая статуэтка работы Наталии Яковлевны Данько была расписана ее сестрой Еленой Яковлевной Данько.

Вошел Пунин Ник[олай] Ник[олаевич]. Они разговаривают подчеркнуто вежливо, на "вы". Для супругов это странно.

На створке книжного шкафа картина укиё. Посмотрел: да ведь это "Садакуни".

Оказалось, что Елисеев••••, который теперь во Франции, привез ее из Японии. На потолке вместо абажура висит фонарик-гифу с узором из семи осенних трав•••••. Я перевел взгляд на окно, а она достала тетрадь, которую супруга Аникеева (торгпреда) привезла из Японии. Начисто переписано тушью "Из стихов Анны Ахматовой" в переводе Накаямы Седзибуро. Попросили меня читать вслух стихотворение "Сампо" ("Прогулка").

Пунин сказал, что обязательно хочет еще раз поехать в Японию. Особенно ему понравилась Нара.

Она достала с полки фарфор. Это был ее известный портрет-статуйка работы Данько••••••. Вот и платье на статуйке то же, что теперь одето на ней. Впервые я увидел эту статуйку в музее Гос. Фарфоров[ого] завода 31 марта 1928 года. Льняное полотно соткано крестьянкой где-нибудь в деревне на юге России.

Пригласили к ужину: яичница и чай. Это первый визит, поэтому я очень смутился и застеснялся. Но она сказала, что если есть вопросы, то можно без церемоний звонить и приезжать в любое время. Около двенадцати вернулся домой».

Те, кто видел Ахматову и Пунина в конце 20-х — начале 30-х годов, нередко вспоминали, что они выглядели счастливой парой. Так, Всеволод Петров, с 1932 года работавший под руководством Николая Пунина в секции рисунка в Русском музее, писал:

«Николай Николаевич Пунин был похож на портрет Тютчева. Это сходство замечали окружающие. Анна Андреевна Ахматова рассказывала, что когда, еще в двадцатых годах, она приехала в Москву с Пуниным и они вместе появились в каком-то литературном доме, поэт Н. Н. Асеев первый заметил и эффектно возвестил хозяевам их приход: "Ахматова и с ней молодой Тютчев!"

С годами это сходство становилось все более очевидным: большой покатый лоб, нервное лицо, редкие, всегда чуть всклокоченные волосы, слегка обрюзгшие щеки, очки.

Сходство, я думаю, не ограничивалось одной лишь внешностью; за ним угадывалось какое-то духовное родство.

Оба... были романтиками.

Оба более всего на свете любили искусство, но вместе с тем стремились быть, в какой-то степени, политическими мыслителями.

...Самой характерной чертой Пунина я назвал бы постоянное и сильное душевное напряжение. Можно было предположить, что в его сознании никогда не прекращается какая-то трудная и тревожная внутренняя работа. Он всегда казался взволнованным. Напряжение находило выход в нервном тике, который часто передергивал его лицо <...> Анне Андреевне было тогда лет 45... она выглядела почти совершенно также, как на портрете, написанном Альтманом. <...> Я с затаенным, но пристальным вниманием всматривался в необыкновенных людей, с которыми свела меня судьба. Они казались мне живым воплощением духа той эпохи, которая совпала с годами их молодости. Эпохи поразительного, небывалого, с тех пор уже не повторявшегося взлета русской культуры <...> Их воззрения и вкусы совпадали если не во всем, то, во всяком случае, в главном: я никогда не слышал споров между ними. Но натуры у них были разные, может быть, даже противоположные <...> Что касается Ахматовой, то в ней... необыкновенно отчетливо выступал дух высокой классики, в пушкинских и гетевских масштабах <...> Классически ясному сознанию Ахматовой противостояли романтический хаос и пронзительная интуиция Пунина».

В декабре 1929 года, когда служебный флигель Мраморного дворца перешел в другое ведомство и Шилейко должен был освободить комнаты, Анна Андреевна переехала в Фонтанный Дом окончательно.

8 декабря Лукницкий записал: «...вчера, в воскресенье, с утра, я вместе с АА отправился в Мраморный дворец закончить "похороны" квартиры. Разобрали последние вещи. В 12 явились упаковщики... увезли все на одной подводе... Сломанные, ветхие — красного дерева — бюро, кровать, два кресла, трюмо, столик, буфетик со стеклом... Когда до революции АА поселилась в Петрограде, одними из первых, у кого она стала бывать, были Судейкины. Вот эта мебель стояла тогда там... Книги — в ящики, мебель — так. Составляли сначала все это на улице, я стерег, и слова прохожих: "Тоже имущество называется!"»

В 1929 году в Фонтанном Доме поселился сын Ахматовой Лева Гумилев, после революции живший, в основном, в городе Бежецке Тверской губернии — с бабушкой по отцу Анной Ивановной Гумилевой и теткой Александрой Степановной Сверчковой.

Ахматова несколько раз навещала сына в Бежецке. И почти каждый год они виделись

А. А. Ахматова у Н. Я. Данько на Фарфоровом заводе.
Около 1924 года

в Ленинграде, Леву привозили тетка и бабушка. Останавливались Гумилевы чаще всего у своих родственников Кузьминых-Караваевых и навещали Анну Андреевну, в последние годы — в квартире Пунина.

Связь Ахматовой с сыном никогда не прерывалась. После смерти Н. С. Гумилева даже в самые трудные и голодные для нее времена она посылала в Бежецк деньги•. Переписывалась с Левой и Анной Ивановной. Одно письмо 1927 года сохранилось благодаря тому, что Лукницкий переписал в свой дневник его черновик:

«Дорогой мой мальчик!

Благодарю тебя за то, что ты доверчиво и откровенно рассказал мне свои горести. Делай всегда так — это самое главное. Я считаю тебя настолько взрослым, что мне кажется лишним повторять тебе, как важно для тебя хорошо учиться и пристойно вести себя. Ты должен понять это раз навсегда, если не хочешь погибнуть. Не огорчай бабушку и тетю Шуру, жизнь их бес•• тяжела, полна тревог и печали. Побереги их и себя! Целую тебя. Господь с тобой.

Мама»

Дневники Лукницкого отразили и взволнованные разговоры о сыне во время приездов Левы в Ленинград. Он писал:

«Сверчкова хочет Леву в Педагогический техникум в Бежецке. АА опечалена. АА хочет —

Лев Гумилев, А. А. Ахматова и А. И. Гумилева. 1927 год. Фонтанный Дом. Фото Н. Пунина

в университет (но не на литературное отделение, а на какое-нибудь другое — юридическое, этнографическое и т. д.) <...> Лева знает Шиллера, Шекспира, Жуковского, Лермонтова, Пушкина, Гумилева. (Лермонтова не любит. Любит Пушкина и "Шатер" и "Жемчуга" Гумилева). Стихов АА совсем не читал. <...> Сверчкова, конечно, не позволяет».

«Долгий разговор о Леве. У меня читала его стихотворение (о Гаральде)... Я доказывал, что он талантлив и необычен... АА раздумывала, потом: "Неужели будет поэт?" — задумчиво».

В 1925 году Лукницкий записал в дневнике: «Сверчкова очень огорчила АА, рассказав, что недавно, когда Леву спросили, что он делает, — Лева ответил: "Вычисляю, на сколько процентов вспоминает меня мама..." Это значит, что у Левы существует превратное представление (как у посторонних АА, литературных людей) об отношении к нему АА. А между тем, АА совершенно в этом не повинна. Когда Лева родился, бабушка и тетка забрали его к себе на том основании, что "ты, Анечка, молодая, красивая, куда тебе ребенок?" АА силилась протестовать, но это было бесполезным,

ПРИМЕЧАНИЯ

хматова помогала деньгами также и своей матери — . Э. Горенко.

к в тексте, воспроизведенном Лукницким. Вероятно, должно ть: «без того».

потому что Николай Степанович был на стороне бабушки и Сверчковой. Потом взяли к себе в Бежецк — отобрали ребенка. АА сделала все, чтобы этого не случилось...

АА: "А теперь получается так, что он спрашивает, думаю ли я о нем <...> Они не пускают его сюда — сколько я ни просила, звала!.. Всегда предлог находился <...> Конечно, они столько ему сделали, что теперь настаивать на этом я не могу..."»

Ахматова жила с чувством вины перед сыном. Еще в 1915 году она писала от лица своей лирической героини:

*Знаю, милый, можешь мало
Обо мне припоминать:
Не бранила, не ласкала,
Не водила причащать.*

И:

*Доля матери — светлая пытка,
Я достойна ее не была.*

В послереволюционные годы при своем неустроенном быте она не могла взять сына к себе. Казалось бы, теперь, после переезда Левы в Фонтанный Дом, они получили возможность обрести друг друга. Однако Ахматова не была хозяйкой в доме Пунина, и это невольно сказывалось на положении Левы. Кроме того, и в материальном положении она зависела от Николая Николаевича и Анны Евгеньевны: после 1925 года стихи Ахматовой перестали печатать, а денежное пособие от государства она то получала, то нет. В 1931 году вышла книга писем Рубенса в переводе Анны Ахматовой. В 30-е годы было опубликовано также несколько статей Ахматовой о Пушкине. Но эпизодические заработки не меняли общей ситуации.

«Худо, что они очутились вместе "под крышей Фонтанного Дома", — вспоминала уже много лет спустя Н. Я. Мандельштам. — Идиллия была придумана Пуниным, чтобы Ахматовой не пришлось хозяйничать, а ему не надрываться, добывая деньги на два дома. К тому же, жилищный кризис осложнял все разводы и любовные дела. Идиллия не состоялась — разводиться надо до конца. Вероятно, и отношения с Пуниным сложились бы гораздо лучше и проще, если бы не общая квартира. Главное в жизни советского гражданина — кусочек жилплощади», — заключала Надежда Яковлевна со свойственным ей сарказмом и точностью формулировок.

Отношения Ахматовой с А. Е. Аренс были доброжелательные. Еще в начале 20-х годов Анна Евгеньевна навещала Ахматову в Мраморном дворце и, будучи врачом, лечила ее от туберкулеза.

Как-то Лукницкий записал со слов Ахматовой: «Анна Евгеньевна Пунина — человек, который обладает очень большой добротой и милосердием. И для добрых дел (в лучшем смысле этого слова) она не жалеет себя». Но была и неизбежная натянутость в отношениях двух женщин, встречавшихся за одним столом. Жена художника А. А. Осмеркина Е. К. Гальперина-Осмеркина так описала свое впечатление от посещения Фонтанного Дома в начале 30-х годов: «Дверь открыл нам Николай Николаевич, помог раздеться и пригласил в столовую. За столом сидела Анна Андреевна, встретившая нас приветливой улыбкой и веселым взглядом, а напротив сидела, как я поняла, прежняя жена Пунина — Анна Евгеньевна. Она поздоровалась с нами с большим высокомерием. Рядом с ней сидел совсем еще молодой человек, которого Пунин представил нам как "доктора N" (фамилию не помню). Анна Андреевна указала мне на стул рядом с нею и предложила попробовать какую-то закуску. Но хозяином явно был Пунин. Анна Андреевна вела себя как близкий друг дома, часто бывавшая в нем, но отнюдь не как хозяйка.

...Мы просидели за столом довольно долго. Пунин и Осмеркин говорили о делах Академии художеств. В конце концов трапеза завершилась. Анна Евгеньевна со словом "благодарим" вышла из-за стола со своим доктором. Анна Андреевна пригласила нас к себе».

В 1939 году, когда Пунин и Ахматова были уже в разводе, Анна Андреевна как-то сказала в сердцах о бывшем муже: «Ходит раздраженный, злой. Все от безденежья. Он всегда плохо переносил безденежье. Он скуп. Слышно, как кричит в коридоре: "Слишком много людей у нас обедает". А это все родные — его и Анны Евгеньевны. Когда-то за столом он произнес такую фразу: "Масло только для Иры". Это было при моем Левушке. Мальчик не знал куда глаза девать»•.

Со временем Лев Гумилев, не чувствовавший себя здесь дома, стал все чаще жить в других местах: у друзей Ахматовой Рыбаковых, у Льва Евгеньевича Аренса, у своих товарищей. Обида на мать за то, что детство было проведено вдали от нее, убежденность, что он не нужен ей и сейчас, с годами все больше и больше деформировали характер Льва Николаевича и его отношения с Ахматовой.

Тень репрессированного отца сопутствовала ему с детства. «Когда расстреляли Гумилева, Леве было девять лет, школьники немедленно постановили не выдавать ему учебники», — рассказывала Ахматова Эмме Герштейн.

В 1929 году Лев Гумилев приехал в Ленинград кончать школу, но устроить его учиться удалось только благодаря хлопотам Н. Н. Пунина: Леву приняли в школу, директором которой был А. Н. Пунин. В 1930 году Лев Гумилев пытался поступить в университет, но не был принят из-за «социального происхождения». Работал чернорабочим, коллектором в экспедиции и лаборантом. И только после этого в 1934 году смог поступить на исторический факультет университета.

В декабре 1933 года Льва Николаевича впервые арестовали.

«Я пошел в гости к сотруднику Института востоковедения Эберману (я начал переводить арабские стихи, этим же занимался и он), — много позже вспоминал Л. Н. Гумилев. — По специальности он был арабист, и я хотел посоветоваться с ним, как лучше сделать перевод. Не успели мы прочитать друг другу по стихотворению, как в комнату вторглась толпа, схватила нас и хозяев квартиры и всех увезли. Собственно, я здесь оказался совсем ни при чем. И меня через девять дней выпустили, убедившись в том, что я ничего антисоветского не говорил, ни в какой политической группе не участвовал».

ПРИМЕЧАНИЯ

• По воспоминаниям И. Н. Пуниной, эта история относится к весне 1930 года. Зиму 1929—1930 года восьмилетняя Ира тяжело болела. У нее была корь, давшая осложнения, которые повлекли за собой трепанацию черепа. Сложную операцию решился делать профессор М. Г. Личкус. После операции Ире нужно было усиленное питание. А время было полуголодное, продукты доставали с трудом.

Но это был не последний арест Левы.

Н. Я. Мандельштам вспоминала, что Ахматову после арестов сына мучил до ужаса реальный сон: «...в широком коридоре пунинской квартиры, где... в самом конце за занавеской стояла кровать (там случалось ночевать Леве и мне с Мандельштамом), слышны солдатские шаги. Ахматова выскакивает в коридор. Пришли за Гумилевым. Она знает, что Николай Степанович прячется у нее в комнате — последняя дверь по коридору, если идти от парадной двери, то налево... За занавеской спит Лева. Она бросается за занавеску, выводит Леву и отдает его солдатам: "Вот Гумилев"».

Судьбу Льва Гумилева определяло то, что он был сыном двух неугодных властям поэтов.

После убийства Кирова в декабре 1934 года началась волна репрессий, направленных прежде всего против интеллигенции Ленинграда — города, который Сталин не любил и которого боялся.

В марте 1935 года вышло постановление о высылке из Ленинграда социально чуждых элементов: дворян. При обысках прямой уликой оказывались хранившиеся в семьях дворянские шпаги. Ирина Николаевна Пунина рассказывала, что в 30-е годы на долю детей в доме выпало уничтожение генеральских эполет деда: эполеты растягивали на дождь для елок или бросали на дно Фонтанки•. Офицерский кортик Е. И. Аренса также был выброшен в Фонтанку, напротив Шереметевского дворца.

Многое изменилось и в жизни самой квартиры. В начале 30-х годов сын Аннушки Женя, Евгений Федорович Смирнов, привел в дом жену Татьяну Ивановну Смирнову. Первое, что она сделала, — отправила Анну Богдановну в дом престарелых. Вскоре у них родились сыновья Валя и Вова••. Семья Смирновых заняла комнату рядом с кухней — бывшую столовую. Появление Татьяны Смирновой превратило квартиру Пунина в коммуналку. Почти неграмотная женщина, приехавшая из деревни и поступившая работать на завод•••, Татьяна считала себя принадлежащей к правящему классу — пролетариату. Она учила Пуниных и Ахматову, как надо жить. Могла заявить Анне Андреевне, стоя перед нею руки в боки: «А я на тебя в Большой дом донесу». Ее боялись.

Менялась и жизнь Шереметевского дворца. Еще в 1927 году часть его комнат заняла выставка «Труд и быт крепостных XVIII—XIX веков».

68

В 1929 году было принято постановление передать коллекции дворца в другие музеи. Музей закрыли. С 1931 года в Фонтанном Доме разместились учреждения Наркомпроса, в том числе — Дом занимательной науки. В это же время часть дворца занял Институт Арктики и Антарктики, после войны ставший единственным его хозяином.

22 октября 1935 года в Фонтанном Доме были арестованы Л. Н. Гумилев и Н. Н. Пунин. По свидетельству И. Н. Пуниной, в доме бывал доносчик: соученик Льва Гумилева по университету — некто Аркадий.

Доносительство — добровольное или под угрозой для жизни — становилось нормой времени. При этом обвинения, предъявлявшиеся потом на следствии, могли быть самыми фантастическими. Следователи не заботились не только о правде, но даже о правдоподобии. Важно было выполнить спущенные сверху указания, план по выявлению «врагов народа». Лев Гумилев рассказывал об аресте 1935 года:

«Тогда в Ленинграде шла травля студентов из интеллигентных семей, студентов, хорошо успевающих и знающих предмет. В университете только что был организован исторический факультет. Едва закончился первый прием студентов, как сразу же началась чистка. В число первых жертв попал и я. Конечно, все арестованные были тут же объявлены членами антисоветской группы или организации. Не знаю, как уж там точно нас классифицировали. Правда, в это время никого не мучили, просто задавали вопросы. Но так как в молодежной среде разговоры велись, в том числе и на политические темы, анекдоты студенты друг другу тоже рассказывали, то следователям было, о чем нас расспрашивать. В числе арестованных оказался и Николай Николаевич Пунин <...> Мама поехала в Москву, через знакомых обратилась к Сталину, с тем, чтобы он отпустил Пунина. Вскоре освободили нас всех, поскольку был освобожден самый главный организатор "преступной группы" — Н. Н. Пунин».

Так виделось дело самому Льву Николаевичу в поздние годы. Однако известно, что письмо Ахматовой, написанное Сталину, содержало просьбу об освобождении не только мужа, но и сына.

О пребывании Ахматовой в Москве во время ареста Пунина и Гумилева рассказала

ПРИМЕЧАНИЯ

• В 30-е годы Ирина Пунина хотела снять со стен иконы, висевшие в доме, за что Н. Н. Пунин назвал ее «Партком завода "Красный гвоздильщик"». Иконы не сняли.

•••
Валя родился, видимо, в 1932 году. Вова — в 1938.

•••
Смирновы работали на заводе им. А. Марти (сейчас — Адмиралтейский завод). Евгений — энергетиком, Татьяна — электриком (сообщено нам их сыном Владимиром).

Э. Г. Герштейн — литературовед, московский друг Ахматовой и Л. Н. Гумилева, принимавшая большое участие в судьбе Левы:

«Она спала у меня на кровати. Я смотрела на ее тяжелый сон, как будто камнем придавили. У нее запали глаза и возле переносицы образовались треугольники. Больше они никогда не проходили. Она изменилась на моих глазах...

Все было сделано быстро. У Сейфуллиной• были связи в ЦК. Анна Андреевна написала письмо Сталину, очень короткое. Она ручалась, что ее муж и сын — не заговорщики и не государственные преступники. Письмо заканчивалось фразой: "Помогите, Иосиф Виссарионович!" В свою очередь Сталину написал Пастернак...

Пильняк повез Ахматову на своей машине к комендатуре Кремля, там уже было договорено, что письмо будет принято и передано в руки Сталину».

Лев Гумилев и Николай Пунин были освобождены 4 ноября 1935 года••.

В 1994 году, после публикации доклада бывшего генерала КГБ Олега Калугина «Дело КГБ на Анну Ахматову», стало известно, что в 1935 году ленинградские чекисты собирались арестовать и ее. В санкции на арест им было отказано тогдашним главой НКВД Ягодой.

В это страшное время Ахматова, много лет почти не писавшая стихов, начала свой «Реквием». Строки:

> Буду я, как стрелецкие женки,
> Под кремлевскими башнями выть.

— напоминающие о расправах во время стрелецкого бунта в Москве в конце XVII века, одновременно автобиографичны: Ахматова передала письмо Сталину через Кутафью башню Кремля.

В ночь после ареста Пунина и Гумилева Ахматова и Анна Евгеньевна Аренс в ожидании обыска жгли в печке бумаги, «которые могли выглядеть компрометирующими, то есть практически все подряд», как вспоминала Ахматова в 60-е годы. Под утро, перепачканные сажей, без сил, они наконец присели и Ахматова закурила. И в это мгновение с самой верхней из опустошенных полок спланировала на пол фотография, на которой генерал-лейтенант флота Евгений Иванович Аренс на борту военного корабля отдавал рапорт

ПРИМЕЧАНИЯ

• Лидия Николаевна Сейфуллина, в 1930-е годы известная советская писательница, автор произведений о революции. Особенным успехом пользовалась ее повесть «Виринея».

•• В связи с арестом Л. Н. Гумилева исключили из университета. Он был восстановлен лишь в 1937 году, после долгих хлопот родных и друзей.

совершавшему инспекционный визит государю Николаю II. До сих пор эта фотография хранится в семье Пуниных.

В 30-е годы, оставшиеся в истории страны как время сталинских репрессий, в ближайшем окружении Ахматовой пострадали очень многие. В 1934 году был арестован Осип Эмильевич Мандельштам, с которым Ахматова дружила с начала 1910-х годов.

«Знайте, что я обладаю способностью вести воображаемую беседу только с двумя людьми: с Николаем Степановичем и с Вами, — писал ей Мандельштам. — Беседа с Колей не прервалась и никогда не прервется». А через много лет в своих воспоминаниях о Мандельштаме Ахматова рассказала о пребывании Осипа Эмильевича в воронежской ссылке: «Там (в Воронеже) его, с не очень чистыми побуждениями, заставили прочесть доклад об акмеизме. Не должно быть забыто, что он сказал в 1937 году: "Я не отрекаюсь ни от живых, ни от мертвых". На вопрос, что такое акмеизм, Мандельштам ответил: "Тоска по мировой культуре".»

Живя в Москве, Осип Эмильевич и его жена Надежда Яковлевна в свои приезды в Ленинград всегда бывали в Фонтанном Доме, а иногда и ночевали у Ахматовой. Пунин вспоминал: «...мне часто приходилось присутствовать при разговорах Мандельштама с Ахматовой;

О. Э. Мандельштам. Середина 1930-х годов

это было блестящее собеседование, вызывавшее во мне восхищение и зависть; они могли говорить часами; может быть, даже не говорили ничего особенного, но это была подлинно-поэтическая игра в таких напряжениях, которые мне были совершенно недоступны».

В 1933 году Мандельштамы получили квартиру в Москве, в Нащокинском переулке; Ахматова несколько раз останавливалась у них. «С Осипом Эмильевичем у Анны Андреевны были свои отдельные разговоры, — вспоминает о пребывании Ахматовой в Москве Э. Г. Герштейн. — Только однажды, заглянув по какой-то своей надобности в "капище", я застала их вдвоем. С детским увлечением они читали вслух по-итальянски "Божественную комедию". Вернее, не читали, а как бы разыгрывали в лицах, и Анна Андреевна стеснялась невольно вырывавшегося у нее восторга. Странно было видеть ее в очках. Она стояла с книгой в руках перед сидящим Осипом. "Ну, теперь — вы", "А теперь вы", — подсказывали они друг другу».

В феврале 1933 года, когда были еще относительно «вегетарианские», как говорила Ахматова, времена, Мандельштам приехал в Ленинград, где состоялись два вечера его стихов. Осип Эмильевич и Надежда Яковлевна остановились в «Европейской» и несколько раз побывали в гостях у Ахматовой. Об одном из их приездов в Фонтанный Дом рассказала Лидия Яковлевна Гинзбург — литературовед, многолетний друг Ахматовой: «Анна Андреевна позвала к себе на Мандельштама Борю• и меня. Как раз в эти дни его и меня арестовали (потом скоро выпустили). АА сказала Мандельштамам: "Вот сыр, вот колбаса, а гостей — простите — посадили"».

В ноябре 1933 года Мандельштам написал стихотворение, стоившее ему жизни. Именно оно было причиной его ареста, ссылки и гибели в лагере:

Мы живем, под собою не чуя страны,
Наши речи за десять шагов не слышны,
А где хватит на полразговорца,
Там припомнят кремлевского горца.
Его толстые пальцы, как черви, жирны,
И слова, как пудовые гири, верны,
Тараканьи смеются усища
И сияют его голенища.

А вокруг него сброд тонкошеих вождей,
Он играет услугами полулюдей.
Кто свистит, кто мяучит, кто хнычет,
Он один лишь бабачит и тычет,
Как подкову, дарит за указом указ:
Кому в пах, кому в лоб, кому в бровь, кому в глаз.
Что ни казнь у него — то малина,
И широкая грудь осетина.

Эти стихи Мандельштам читал ряду близких людей, в том числе Анне Ахматовой и Льву

Гумилеву. «Я очень запомнила один из наших тогдашних разговоров о поэзии, — писала в своих воспоминаниях о Мандельштаме Анна Ахматова. — Осип Эмильевич, который очень болезненно переносил то, что сейчас называют культом личности, сказал мне: "Стихи сейчас должны быть гражданскими" и прочел "Под собой мы не чуем..."

13 мая 1934 года его арестовали. В этот самый день я после града телеграмм и телефонных звонков приехала к Мандельштамам из Ленинграда (где незадолго до этого произошло его столкновение с Толстым**). Мы все были тогда такими бедными, что для того, чтобы купить билет обратно, я взяла с собой мой орденский знак Обезьяньей Палаты***... и статуэтку работы Данько (мой портрет, 1924 г.) для продажи. (Их купила С. Толстая для музея Союза писателей.)

Ордер на арест был подписан самим Ягодой. Обыск продолжался всю ночь. Искали стихи, ходили по выброшенным из сундучка рукописям. Мы все сидели в одной комнате. Было очень тихо. За стеной у Кирсанова играла гавайская гитара. Следователь при мне нашел "Волка" ("За гремучую доблесть грядущих веков...") и показал Осипу Эмильевичу. Он молча кивнул. Прощаясь, поцеловал меня. <...> Пастернак, у которого я была в тот же день, пошел просить за Мандельштама в "Известия", я — в Кремль к Енукидзе. (Тогда проникнуть в Кремль было почти чудом. Это устроил актер... Русланов, через секретаря Енукидзе.) Енукидзе был довольно вежлив, но сразу спросил: "А может быть, какие-нибудь стихи?" Этим мы ускорили и, вероятно, смягчили развязку».

Сталин дал указание: «Изолировать, но сохранить». Мандельштам был приговорен к трем годам ссылки на Урал, в город Чердынь.

«Через пятнадцать дней, рано утром, — вспоминала далее Ахматова, — Наде позвонили и предложили, если она хочет ехать с мужем, быть вечером на Казанском вокзале. Все было кончено, Нина Ольшевская и я пошли собирать деньги на отъезд...

На вокзал мы поехали с Надей вдвоем. Заехали на Лубянку за документами. День был ясный и светлый. Из каждого окна на нас глядели тараканьи усища "виновника торжества". Осипа очень долго не везли. Он был в таком состоянии, что даже они не могли посадить его в тюремную

ПРИМЕЧАНИЯ

• Литературоведа Бориса Яковлевича Бухштаба.

•• О. Э. Мандельштам в помещении Ленинградского издательства писателей дал пощечину крупному литературному чиновнику, писателю А. Н. Толстому.

••• Шуточный орден, обозначавший принадлежность награжденного к выдуманному писателем А. М. Ремизовым тайному сообществу людей искусства.

карету. Мой поезд (с Ленинградского вокзала) уходил, и я не дождалась... Очень плохо, что я его не дождалась и он меня не видел, потому что от этого ему в Чердыни стало казаться, что я непременно погибла».

Мандельштам вышел из тюрьмы психически надломленным человеком. «Я не создан для тюрьмы», — сказал он когда-то. Во время следствия он назвал имена тех, кому читал сатиру на Сталина, о чем сам сказал Надежде Яковлевне, а она — друзьям. Ахматова не считала возможным в чем-либо упрекать Мандельштама. И в воспоминаниях о нем написала: «Мой сын говорит, что ему во время следствия читали показания Осипа Эмильевича о нем и обо мне и что они были безупречны».

По делу Мандельштама никто арестован не был. Но все же его антисталинское стихотворение сыграло роль в аресте Льва Гумилева в 1935 году. Однажды за ужином в Фонтанном Доме Лев Николаевич прочел это стихотворение наизусть. В этот вечер в гостях был один из его сокурсников. Он донес. В «Деле» Гумилева 1935 года остался текст стихотворения. Это сказалось и при следующих арестах Льва Николаевича.

Из Чердыни Мандельштама перевели в ссылку в Воронеж, где в феврале 1936 года его навестила Ахматова. Это был акт большого гражданского мужества: общение со ссыльным могло повлечь за собой арест.

В 1937 году Мандельштамы вернулись в Москву. В поисках средств к существованию они побывали в Ленинграде. «Последнее стихотворение, которое я слышала от Осипа, — вспоминала Ахматова, — "Как по улицам Киева-Вия..." (1937). Это было так. Мандельштамам было негде ночевать. Я оставила их у себя (в Фонтанном Доме). Постелила Осипу на диване. Зачем-то вышла, а когда вернулась, он уже засыпал, но очнулся и прочел мне стихи. Я повторила их. Он сказал: "Благодарю вас" и заснул. В это время в Шереметевском доме был так называемый "Дом занимательной науки". Проходить к нам надо было через это сомнительное заведение. Осип озабоченно спросил меня: "А может быть, есть другой занимательный выход?"»

Другого выхода не было. 2 мая 1938 года О. Э. Мандельштам был арестован повторно. «О пытках все говорили громко. Надя приехала в Ленинград. У нее были страшные глаза. Она сказала: "Я успокоюсь только тогда, когда узнаю, что он умер"».

Осип Эмильевич Мандельштам умер в лагере во Владивостоке 27 декабря 1938 года.

10 марта 1938 года уже в третий раз был арестован Лев Николаевич Гумилев. «Меня задержали в числе политически подозрительных лиц, — вспоминал он много лет спустя. — Вот тут уже было все по-иному. Тут уже начались пытки: старались насильно выбить у человека признание. Но так как я ни в чем не хотел признаваться, то избиения продолжались в течение восьми ночей». Публикуя некоторые материалы из дела КГБ на Анну Ахматову, бывший генерал КГБ Олег Калугин сообщает: «...Лев Гумилев, видимо, после избиения, сказал: "Мать неоднократно говорила мне, что если я хочу быть ей сыном до конца, я должен быть прежде всего сыном отца".»

Тот же Калугин рассказывает, в каком положении находилась тогда сама Ахматова:

«В КГБ существует на человека "Дело оперативной разработки" — "ДОР". Это высшая категория дела. За ней следует санкция прокурора на арест или официальное предупреждение (но это уже дело юстиции). Именно такое "Дело" было заведено на Анну Ахматову в 1939 году с окраской: "Скрытый троцкизм и враждебные антисоветские настроения", где содержались материалы, собираемые органами Госбезопасности в течение многих предшествующих и последующих лет. "Дело" содержало немногим больше 900 страниц и составляло три тома"».

Ахматова пыталась найти способы облегчить участь сына. «Для этого она обращалась к своим влиятельным знакомым, — вспоминает Э. Герштейн. — ...Кто-то... свел ее со знаменитым адвокатом Коммодовым... но он отказался от дела Льва Гумилева. Это был удар для Анны Андреевны <...> Мне иногда казалось, что она недостаточно энергично хлопочет о Леве. Я предлагала ей решиться на какой-нибудь крайний поступок, вроде обращения к властям с дерзким и требовательным заявлением. Анна Андреевна возразила: "Ну тогда меня немедленно арестуют". "Ну что ж, и арестуют", — храбро провозгласила я. "Но ведь и Христос молился в Гефсиманском саду — "да минет меня чаша сия" — строго ответила Анна Андреевна. Мне стало стыдно.»

И вновь, как и в 1935 году, Ахматова обратилась с письмом к Сталину с просьбой об освобождении сына. Но на этот раз просьба не имела никаких последствий.

«В те годы Анна Ахматова жила, завороженная застенком, требующая от себя и от других неотступной памяти о нем, презирающая тех, кто вел себя так, будто его и нету», — вспоминала Лидия Чуковская.

ПРИМЕЧАНИЯ

- Дело НКВД — КГБ на Ахматову было закрыто в 1956 году, но последнее донесение датировано 1958 годом.

Лев Николаевич находился под следствием во внутренней тюрьме НКВД на Шпалерной и в Крестах. Ахматова проводила дни в тюремных очередях, чтобы отдать передачу и убедиться, что сын еще жив.

В 1938—1940 годах Ахматова продолжила поэму «Реквием», начатую во время ареста мужа и сына в 1935 году:

> Семнадцать месяцев кричу,
> Зову тебя домой,
> Кидалась в ноги палачу,
> Ты сын и ужас мой.
>
> ———
>
> Легкие летят недели,
> Что случилось, не пойму.
> Как тебе, сынок, в тюрьму
> Ночи белые глядели,
> Как они опять глядят
> Ястребиным жарким оком,
> О твоем кресте высоком
> И о смерти говорят.

Она говорила от имени всех, кто стоял в тюремных очередях, всех, кто погибал в стенах тюрем и в лагерях — отсюда библейская символика, переводившая происходящее в план всечеловеческой трагедии.

В августе 1939 года Ахматову известили о предстоящей отправке сына на север и о разрешении свидания с ним.

«Я просидел под следствием в Ленинграде во внутренней тюрьме на Шпалерной и в Крестах 18 месяцев, — вспоминал Л. Н. Гумилев. — Отсюда меня отправили на Беломорканал с 10-летним приговором. Вскоре меня везли обратно в Ленинград, так как этот приговор был отменен и статья была заменена на более строгую — 58, пункт 17 — террористическая деятельность. Меня, таким образом, возвращали на расстрел.

Но пока меня возили туда-сюда, из органов убрали Ежова. В следствии многое переменилось, бить перестали <…> Вскоре мне принесли подписать бумажку — приговор: 5 лет, статья 58, пункт 10-11. Теперь меня отправили в Норильск, где я и отбыл свои пять лет».

Ахматова с помощью друзей собирала и посылала сыну посылки. Лев Гумилев признавал: «Мама, хотя в силу разных обстоятельств мы и прожили долгие годы вдали друг от друга, по-своему любила меня, переживала за "без вины виноватого" сына. В годы заключения она помогала мне, сколько могла, деньгами, высылала мне продовольственные посылки».

Тогда же, в конце 30-х годов, окончательно распался ее союз с Пуниным. В 1936 году Ахматова написала стихотворение, в котором собственная беда переплелась с мрачной историей Фонтанного Дома:

От тебя я сердце скрыла,
Словно бросила в Неву...
Приученной и бескрылой
Я в дому твоем живу.
Только... ночью слышу скрипы.
Что там — в сумраках чужих?
Шереметевские липы...
Перекличка домовых...
Осторожно подступает,
Как журчание воды,
К уху жарко приникает
Черный шепоток беды —
И бормочет, словно дело
Ей всю ночь возиться тут:
«Ты уюта захотела,
Знаешь, где он — твой уют?»

В том же году Пунин записал в дневнике:
«29 июля. Шереметевский дом.
Года три не писал, то, что писал, не сохранилось.
Сегодня проводил Ирину с Галей в Астрахань.
Стар. Один. Месяц жил с Ириной в Разливе —
подружились.

Ан. нету. В конце июня она уехала под
Москву к Шервинским — и с тех пор ничего
не знаю о ней.

Был в тюрьме. Ан. написала Сталину, Сталин
велел выпустить. Это было осенью.

Любовь осела, замутилась, но не ушла.
Последние дни скучаю об Ан. С тем же
знакомым чувством боли. Уговаривал себя —
не от любви это, от досады. Лгал. Это она, все

А. А. Ахматова и Н. Н. Пунин во дворе Фонтанного Дома.
1927 год. Фото Н. Пунина

та же. Пересмотрел ее карточки — нет, не похожа. Ее нет, нет ее со мной.

30 июля

Проснулся просто, установил, что Ан. взяла все свои письма и телеграммы ко мне за все годы; еще установил, что Лева тайно от меня, очевидно по ее поручению, взял из моего шкапа сафьяновую тетрадь, где Ан. писала стихи и, уезжая в командировку, очевидно, повез ее к Ан., чтобы я не знал.

От боли хочется выворотить всю грудную клетку. Ан. победила в этом пятнадцатилетнем бою...

31 июля...

12 часов ночи

Дача, ветер, ночь.

"Я пью за разоренный дом, За злую жизнь мою..."»•

Они прожили вместе еще два года и расстались осенью тридцать восьмого. В связи с этим Ахматова говорила Чуковской: «19 сентября я ушла от Николая Николаевича. Мы шестнадцать лет прожили вместе. Но я даже не заметила на этом фоне»; «Странно, что я так долго прожила с Николаем Николаевичем уже после конца, не правда ли? Но я была так подавлена, что сил не хватало уйти. Мне было очень плохо, ведь я тринадцать лет не писала стихов, вы подумайте: тринадцать лет!»

Действительно, с начала 1920-х годов и до середины 1930-х Ахматова написала немного: около 30 стихотворений, а в некоторые годы — ни одного. Н. Н. Пунин высоко ценил проявившийся в этот период литературоведческий и искусствоведческий талант Ахматовой, но похоже было, что главное для нее — поэтическое творчество — он считал оставшимся в прошлом. «В тридцатых годах все было устроено так, чтобы навсегда забыть и литературную славу Ахматовой и те времена, когда одна ее внешность служила моделью для элегантных женщин артистической среды, — вспоминает Э. Г. Герштейн. — Николай Николаевич при малейшем намеке на величие Ахматовой сбивал тон нарочито будничными фразами: "Аничка, почистите селедку" <...> Один эпизод мне с горечью описывала сама Анна Ахматова. В 1936—1937 гг. она специально пригласила Л. Я. Гинзбург и Б. Я. Бухштаба послушать ее новые стихи. Когда они пришли и Ахматова уже начала читать, в комнату влетел Николай Николаевич с криком: "Анна Андреевна, вы — поэт местного царскосельского значения"». В те годы, когда Ахматова была вычеркнута из официальной литературы, ей особенно важно было, чтобы близкие ей люди по-прежнему видели в ней поэта, поддерживали ее. Со стороны Пунина она этой поддержки не находила. И считала это одной из причин, почему во время их брака мало писала.

В 1940 году, уже после расставания с Пуниным, она говорила Лидии Корнеевне Чуковской: «Николай Николаевич отыскал теперь новый повод, чтоб на меня обижаться: почему я, когда мы были вместе, не писала, а теперь пишу очень много. Шесть лет я не могла писать. Меня так тяготила вся обстановка — больше, чем горе. Я теперь поняла, в чем дело: идеалом жены для Николая Николаевича всегда была Анна Евгеньевна: служит, получает 400 рублей жалованья в месяц и отличная хозяйка. И меня он упорно укладывал на это прокрустово ложе, а я и не хозяйка, и без жалованья … Если бы я дольше прожила с Владимиром Казимировичем, я тоже разучилась бы писать стихи».

В этих словах, произнесенных в запальчивости, есть, однако, нечто важное для понимания сути поэта. А именно: источники личного счастья и семейного благополучия и источники поэтического творчества — это слишком разные источники.

Расставшись с Пуниным, Анна Андреевна перебралась тогда в бывшую детскую комнату, а кабинет Николая Николаевича заняла Ирина Пунина с мужем и новорожденной дочерью Аней. Покинуть Фонтанный Дом Ахматова не захотела. Про возможный обмен сказала Лидии Корнеевне: «…известная коммунальная квартира лучше неизвестной. Я тут привыкла». С семьей Пуниных ее связывали многолетние отношения. Она была привязана к Ирине Пуниной, как впоследствии и к ее дочери Ане, которую считала своей внучкой.

Что бы ни говорила Ахматова, расставание с Пуниным было болезненным и оставило след надолго.

> Не недели, не месяцы — годы
> Расставались. И вот наконец
> Холодок настоящей свободы
> И седой над висками венец.
> Больше нет ни измен, ни предательств,
> И до света не слушаешь ты,
> Как струится поток доказательств
> Несравненной моей правоты.

ПРИМЕЧАНИЯ

- Первая строка стихотворения Ахматовой «Последний тост» (1934), посвященного Пунину.

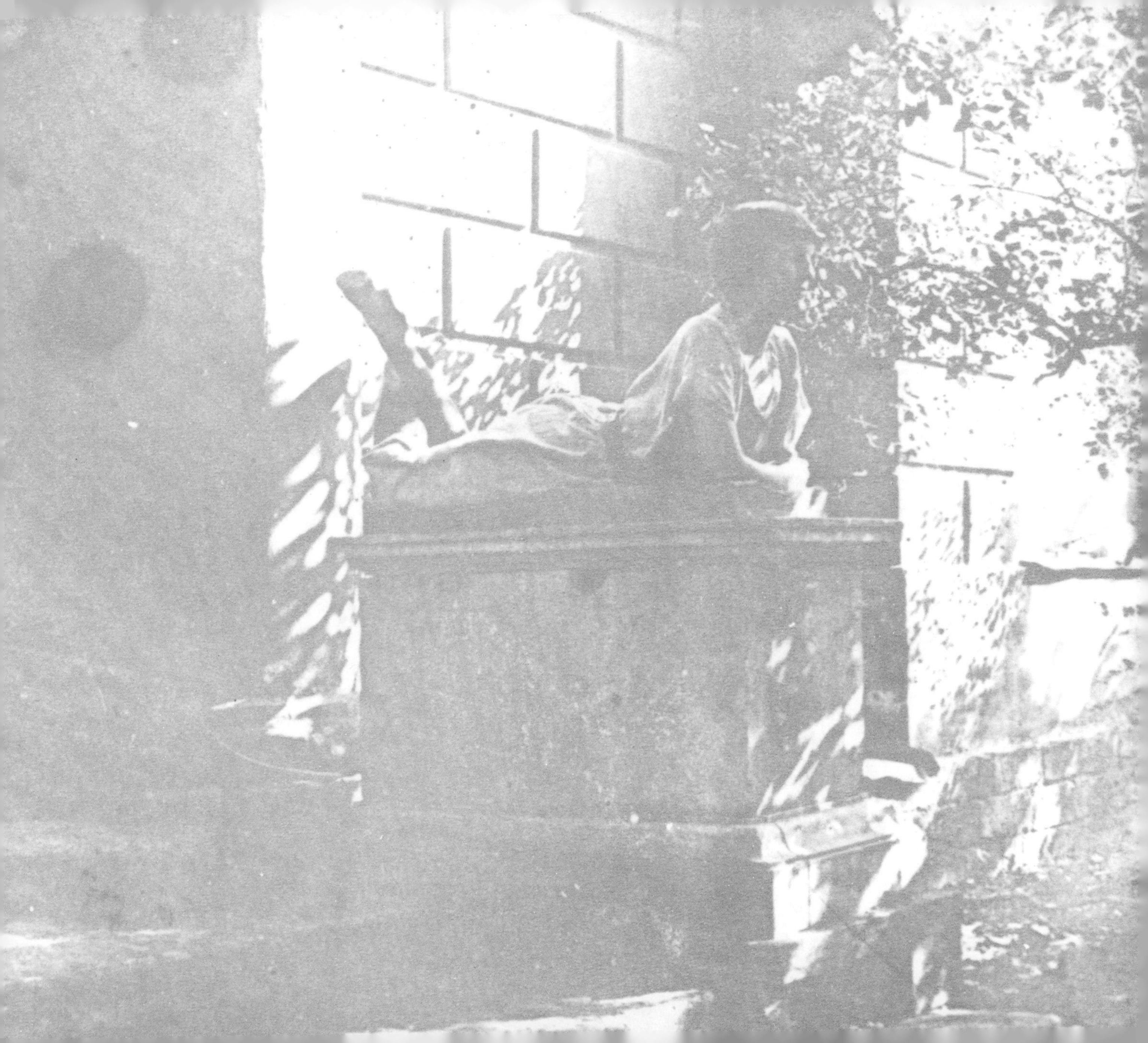

Глава третья

После развода отношения с Пуниным были очень тяжелыми. Ахматова отделилась от семьи Пуниных, не бывала в их комнатах и за общим столом.

Рядом с Николаем Николаевичем была теперь Марта Андреевна Голубева — молодая женщина, о которой бывшие студенты Пунина до сих пор вспоминают как о прекрасном образе из эпохи итальянского Возрождения. Искусствовед, ранее ученица Пунина, она вела вместе с ним семинары, была ему союзницей во всем. Она была замужем и не жила в Фонтанном Доме, а лишь приходила сюда. По этому поводу Ахматова как-то заметила Лидии Чуковской: «А вот такие наслоения жен, — она... легонько постучала в стенку Николая Николаевича, — это уже совсем чепуха».

Близким другом Ахматовой стал Владимир Георгиевич Гаршин, общение с которым началось, видимо, в 1937 году•. Это был крупный ученый, врач-патологоанатом, блестящий преподаватель, о котором с восхищением вспоминают его ученики. Дворянин, истинный интеллигент, сформировавшийся как личность еще в дореволюционной России (родился в 1887 году), родной племянник писателя В. М. Гаршина, ценитель литературы и искусства, известный коллекционер. Он подарил музеям Ленинграда и Новгорода коллекции орденов, монет, икон и старинных русских рукописей.

В. Г. Гаршин был поклонником поэзии Н. С. Гумилева, что, вероятно, и послужило первоначальным импульсом к знакомству с А. А. Ахматовой.

По свидетельству И. Н. Пуниной, их познакомил

ПРИМЕЧАНИЯ

В дневнике от 20 сентября 1937 года Пунин упоминает о В. Г. Гаршине: «Как-то пришел домой, узнал, что у Ани был проф[ессор] Гаршин».

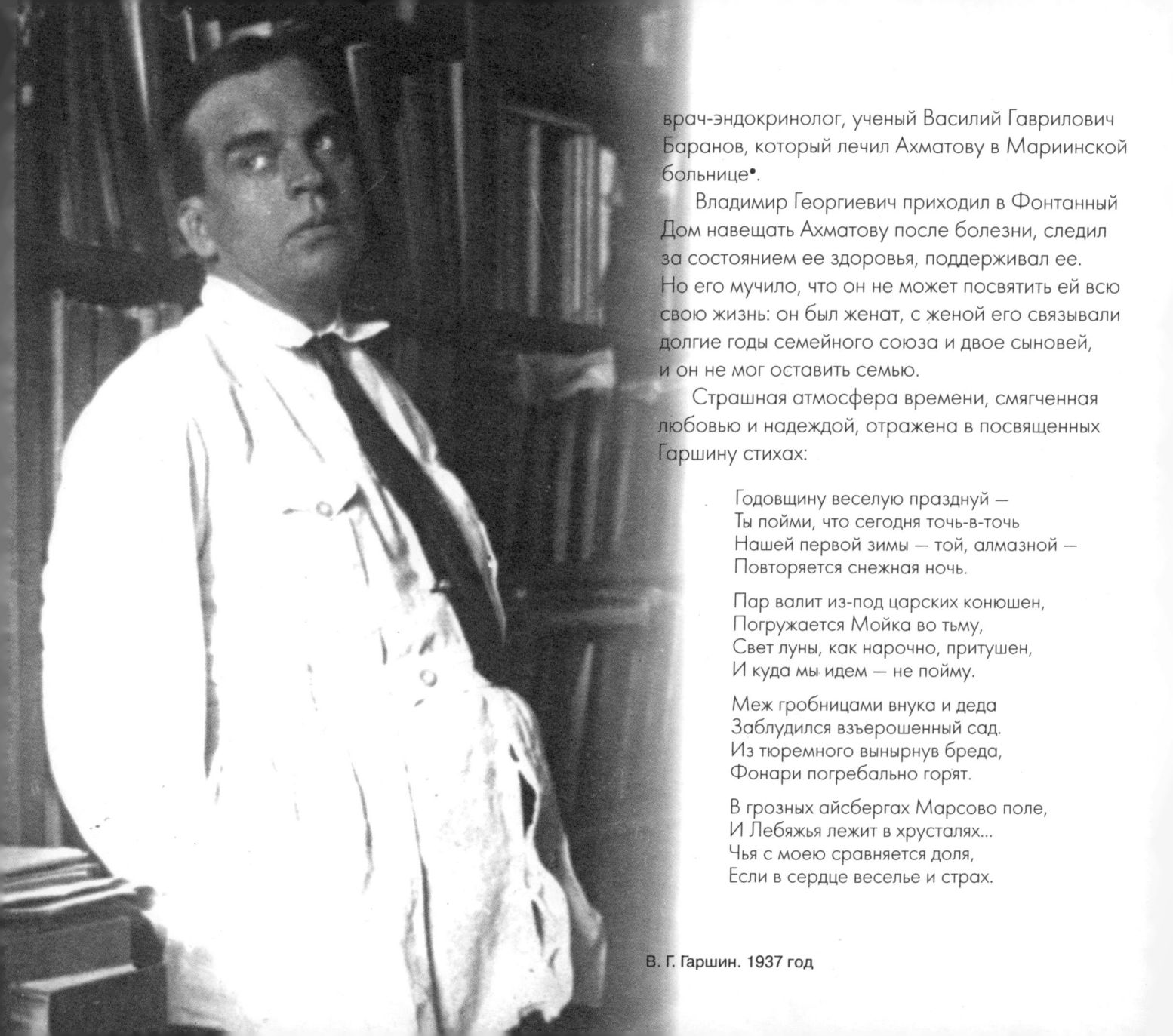

врач-эндокринолог, ученый Василий Гаврилович Баранов, который лечил Ахматову в Мариинской больнице•.

Владимир Георгиевич приходил в Фонтанный Дом навещать Ахматову после болезни, следил за состоянием ее здоровья, поддерживал ее. Но его мучило, что он не может посвятить ей всю свою жизнь: он был женат, с женой его связывали долгие годы семейного союза и двое сыновей, и он не мог оставить семью.

Страшная атмосфера времени, смягченная любовью и надеждой, отражена в посвященных Гаршину стихах:

> Годовщину веселую празднуй —
> Ты пойми, что сегодня точь-в-точь
> Нашей первой зимы — той, алмазной —
> Повторяется снежная ночь.
>
> Пар валит из-под царских конюшен,
> Погружается Мойка во тьму,
> Свет луны, как нарочно, притушен,
> И куда мы идем — не пойму.
>
> Меж гробницами внука и деда
> Заблудился взъерошенный сад.
> Из тюремного вынырнув бреда,
> Фонари погребально горят.
>
> В грозных айсбергах Марсово поле,
> И Лебяжья лежит в хрусталях...
> Чья с моею сравняется доля,
> Если в сердце веселье и страх.

В. Г. Гаршин. 1937 год

И трепещет, как дивная птица,
Голос твой у меня над плечом.
И внезапным согретый лучом
Снежный прах так тепло серебрится**.

Вероятно, в конце 1930-х годов В. Г. Гаршин и Л. К. Чуковская были самыми близкими Ахматовой людьми в Ленинграде.

Лидия Корнеевна Чуковская — писательница, мемуаристка, дочь Корнея Ивановича Чуковского — оставила дневниковые записи, получившие название «Записки об Анне Ахматовой».

В первый раз Лидия Корнеевна пришла к Ахматовой в ноябре 1938 года. За год до этого был арестован ее муж — замечательный физик-теоретик Матвей Петрович Бронштейн, ему был вынесен приговор: «10 лет без права переписки». Тогда еще не было известно, что эта формулировка означает расстрел, и Лидия Корнеевна пыталась хлопотать об освобождении мужа. Кто-то из общих знакомых рассказал Чуковской о письме Ахматовой Сталину, после которого освободили ее сына и мужа. Речь шла о событиях 1935 года. Письмо Ахматовой 1938 года, посланное в разгар террора, уже не имело действия. Но Чуковская не знала об этом и пошла к Ахматовой узнать, как нужно писать такое письмо.

Первая же запись, сделанная Чуковской на следующий день после встречи, замечательна. Это зарисовка Фонтанного Дома и сада, быта пунинской квартиры и портрет Ахматовой, которая с самого начала общения отнеслась к Лидии Корнеевне с большим доверием.

«Вчера я была у Анны Андреевны по делу.

Сквозь Дом Занимательной Науки (какое дурацкое название!) я прошла в сад. Сучья деревьев росли будто из ее стихов или пушкинских. Я поднялась по черной, трудной, не нашего века лестнице, где каждая ступенька за три. Лестница еще имела некоторое касательство к ней, но дальше! На звонок мне открыла женщина, отирая пену с рук. Этой пены и ободранности передней, где обои висели клочьями, я как-то совсем не ждала. Женщина шла впереди. Кухня; на веревках белье, шлепающее мокрым по лицу. Мокрое белье словно завершение какой-то скверной истории — из Достоевского, может быть. Коридорчик после кухни и дверь налево — к ней.

Она в черном шелковом халате с серебряным драконом на спине.

Я спросила. Я думала, она будет искать черновик или копию. Нет. Ровным голосом, глядя

ПРИМЕЧАНИЯ

* У Ахматовой было в то время заболевание щитовидной железы.

** Посвящение В. Г. Гаршину зафиксировано Л. К. Чуковской. Впоследствии «веселая» годовщина была заменена Ахматовой на «последнюю», а посвящение Гаршину снято.

на меня светло и прямо, она прочла мне все наизусть целиком.

Я запомнила одну фразу:

"Все мы живем для будущего, и я не хочу, чтобы на мне было такое грязное пятно"•.

Общий вид комнаты — запустение, развал. У печки кресло без ноги, ободранное, с торчащими пружинами. Пол не метен. Красивые вещи — резной стул, зеркало в гладкой бронзовой раме, лубки на стенах — не красят, наоборот, еще более подчеркивают убожество.

Единственное, что в самом деле красиво, — это окно в сад и дерево, глядящее прямо в окно.

И она сама, конечно.

Меня поразили ее руки: молодые, нежные, с крошечной, как у Анны Карениной, кистью... Я попросила ее почитать мне стихи. Тем же ровным, словно обесцвеченным голосом она прочитала:

> Одни глядятся в ласковые взоры,
> Другие пьют до утренних лучей,
> А я всю ночь веду переговоры
> С неукротимой совестью моей.

...Я ушла от нее поздно. Шла в темноте, вспоминая стихи. Мне необходимо было вспомнить их сейчас же, от начала до конца, потому что я уже не могла с ними ни на секунду расстаться... Как я прошла сквозь "Занимательную Науку"? Как пересекла Невский? Я шла сомнамбулой, меня, вместо луны, вели стихи, а мир отсутствовал».

С тех пор они виделись часто: порой Лидия Корнеевна сопровождала Анну Андреевну в Кресты, порой приносила ей еду или керосин, помогала редактировать ее новую книгу, приходила потому, что Ахматовой нужен был понимающий собеседник, с которым можно поделиться самым главным — своей болью. В марте 1940 года Л. К. Чуковская записала следующий разговор с Ахматовой:

«— Как жаль, что ваш садик огородили••, — сказала я.

— Да, очень. Николаю Николаевичу дали билет туда, а мне нет.

— Это почему же?

— Все потому же. Он — человек, профессор а я кто? Падаль».

«Все равно, это ваши деревья, ваш дом и сад», — подумала про себя Чуковская.

Чуковская делала записи после каждой встречи с Ахматовой. В 1966 году, готовя дневники к публикации, она писала в предисловии: «Главное содержание моих разговоров... с Анной Андреевной опущено... Иногда какой-нибудь знак, намек, инициалы для будущего, которого никогда не будет, — и только <...> Записывать наши разговоры? Не значит ли это рисковать ее жизнью? Не писать о ней ничего? Это тоже было бы преступно. В смятении я писала то откровеннее, то скрытнее, хранила свои записи то дома, то у друзей, где мне казалось надежнее. Но неизменно, воспроизводя со всей возможной точностью наши беседы, опускала или затемняла главное их содержание: мои хлопоты о Мите, ее — о Леве; новости с этих двух фронтов; известия "о тех, кто в ночь погиб".

...Анна Андреевна, навещая меня, читала мне стихи из "Реквиема"... шепотом, а у себя в Фонтанном Доме не решалась даже на шепот; внезапно, посреди разговора, она умолкала, и, показав мне глазами на потолок и стены, брала клочок бумаги и карандаш; потом громко произносила что-нибудь светское: "хотите чаю?" или "вы очень загорели", потом исписывала клочок быстрым почерком и протягивала мне. Я прочитывала стихи и, запомнив, молча возвращала их ей. "Нынче такая ранняя осень", — громко говорила Анна Андреевна и, чиркнув спичкой, сжигала бумагу над пепельницей.

Это был обряд: рука, спичка, пепельница, — обряд прекрасный и горестный».

Так Чуковская оказалась в числе нескольких людей, сохранивших в своей памяти для будущего те стихи Ахматовой, которые Анна Андреевна не решалась хранить в рукописях.

Для Чуковской поэзия была «нужнее, чем хлеб». С предельным бескорыстием она отдавала силы своей души поэзии и поэту — Анне Ахматовой. «С каждым днем, с каждым месяцем мои обрывочные записи становились все в меньшей степени воспроизведением моей собственной жизни, превращаясь в эпизоды из жизни Анны Ахматовой. Среди окружавшего меня призрачного, фантастического, смутного мира она одна казалась не сном, а явью... О ней тянуло писать, потому что сама она, ее слова и поступки, ее голова, плечи и движения рук обладали той завершенностью, какая обычно принадлежала в этом мире одним лишь великим произведениям искусства».

Между тем Лидия Чуковская была не только идеальным читателем. Она писала повесть

ПРИМЕЧАНИЯ

•
Примечание Чуковской: «Среди обвинений, предъявленных Леве, было и такое: мать будто бы подговаривала его убить Жданова — мстить за расстрелянного отца. Но запомненная мною фраза свидетельствует, что Анна Андреевна процитировала мне уже второе свое письмо к Сталину, письмо не 35-го, а 38-го года...»

••
Видимо, ограду в Шереметевском саду ставили и убирали несколько раз. По воспоминаниям И. Н. Пуниной, сад огородили в 1946 или 1947 году, после ждановского постановления. Оградой служил фанерный забор в человеческий рост, выше была сетка. Забор шел вдоль южного флигеля, оставляя небольшое пространство для прохода. По словам И. Н. Пуниной, был какой-то период, когда в сад не пускали никого из жильцов, но все остальное время жители флигелей имели возможность им пользоваться. Ограда сохранялась до отъезда Ахматовой и Пуниных из Фонтанного Дома в 1952 году.

о 1937 годе, которую назвала «Софья Петровна». Судя по дневнику, Чуковская долго не говорила Ахматовой о своей работе. Зимой 1939—1940 года повесть была закончена, и 4 февраля 1940 года Чуковская пригласила Ахматову к себе и, чувствуя «стыд за плохость своей прозы», прочитала ее Анне Андреевне. Когда чтение закончилось, Ахматова сказала: «Это очень хорошо. Каждое слово — правда». А через много лет, в 60-е годы, добавила: «Вы совершили подвиг. Да, да, не спорьте. Это подвиг, это легенда. Мы все думали то же, мы писали стихи, держали их в уме или на минуту записывали и сразу же жгли, а вы это писали! Писали, зная, что могут сделать с вами и с дочкой!» Однако сама Лидия Корнеевна работу над повестью подвигом не считала: «Мне было бы труднее и страшнее не писать, чем писать... Не напишешь — не поймешь. Мне хотелось во что бы то ни стало осознать причину бессознания общества, слепоты общества».

В одной из поздних записей Ахматова сказала о себе: «Я — поэт 1940 года». Потом пояснила: «Принявшая опыт этих лет — страха, скуки, пустоты, смертного одиночества — в 1936 я снова начинаю писать, но почерк у меня изменился, но голос уже звучит по-другому. А жизнь приводит под уздцы такого Пегаса, кот[орый] чем-то напоминает апокалипсического Бледного Коня или Черного Коня из тогда еще не рожденных стихов•. Возврата к прежней манере не может быть ... 1940 — апогей. Стихи звучали непрерывно, наступая на пятки друг другу, торопясь и задыхаясь».

В середине 30-х — 40-м году Ахматова пишет стихи, связанные с эпохой Большого террора: «Привольем пахнет дикий мед...», «Немного географии», «Зачем вы отравили воду...», «Подражание армянскому», стихи, посвященные сыну и впоследствии вошедшие в цикл «Черепки». Окажись эти стихи в НКВД, этого было бы достаточно, чтобы вынести обвинительный приговор. В это время появляются стихотворения, позже включенные Ахматовой в цикл «Венок мертвым»: памяти репрессированных Б. Пильняка и О. Мандельштама, затравленного властями М. Булгакова, покончившей с собой в 1941 году М. Цветаевой. Ахматова пишет цикл «В сороковом году», посвященный нападению Советского Союза на Финляндию, захвату фашистами Парижа, бомбежкам Лондона. В 1940 году Ахматова создает свой аналог антисталинскому стихотворению Мандельштама — «Стансы»:

Стрелецкая луна. Замоскворечье. Ночь.
Как крестный ход идут часы Страстной недели.

Мне снится страшный сон. Неужто в самом деле
Никто, никто, никто не может мне помочь?

«В Кремле не можно жить», — Преображенец прав,
Там зверства древнего еще кишат микробы:
Бориса дикий страх, всех Иоаннов злобы,
И Самозванца спесь — взамен народных прав.

В 1940 году Ахматова пишет поэму «Путем всея земли» («Китежанка») — «большую панихиду по самой себе», как поясняла она сама.

Наконец, в 1940 году Ахматова начинает свое главное эпическое произведение — «Поэму без героя» (первоначальное название — «Триптих»).

Рассказывая о том, как начиналась «Поэма без героя», Ахматова вспоминала: «Осенью 1940 года, разбирая мои старые (впоследствии погибшие во время осады) бумаги, я наткнулась на давно бывшие у меня письма и стихи, прежде не читанные мной ("Бес попутал в укладке рыться"). Они относились к трагическому событию 1913 года...Тогда я написала стихотворный отрывок "Ты в Россию пришла ниоткуда"... В бессонную ночь 26—27 декабря этот стихотворный отрывок стал неожиданно расти и превращаться в первый набросок "Поэмы без героя"...»

ПРИМЕЧАНИЯ

•
Имеется в виду стихотворение И. Бродского «В тот вечер возле нашего огня...», написанное в 1962 году.

Отрывок, с которого началась «Поэма без героя», связан с именем Ольги Глебовой-Судейкиной — «подруги поэтов» и близкой подруги Ахматовой, с которой она познакомилась еще в 1910 году:

Ты в Россию пришла ниоткуда,
О мое белокурое чудо,
Коломбина десятых годов!
Что глядишь ты так смутно и зорко,
Петербургская кукла, актерка,
Ты — один из моих двойников.

Актриса Ольга Афанасьевна Глебова-Судейкина играла в труппе Александринского театра, в Драматическом театре В. Ф. Комиссаржевской, на сцене Литейного театра. Играла в водевилях, в пьесах классического репертуара. Она обладала многими талантами: танцевала, пела, декламировала, с блеском демонстрировала экстравагантные туалеты, которые создавал специально для нее муж — известный художник Сергей Судейкин. Выступала в литературно-артистических кабаре: в «Бродячей собаке», а потом в «Привале комедиантов».

Судейкина была, несомненно, одаренной художницей: рисовала, лепила, вышивала, шила кукол из шелка, парчи, кружев. «Золотые пальцы», — называл ее Артур Лурье. Ахматова утверждала, что у Ольги Афанасьевны абсолютный вкус, который можно сравнить только с абсолютным музыкальным слухом.

С именем Ольги была связана трагическая история молодого драгунского офицера и поэта Всеволода Князева, который в 1913 году покончил с собой.

С 1924 года Судейкина жила в Париже и писала Ахматовой письма о том, как она бедствует и хочет вернуться в Россию. Ее таланты в Париже оказались никому не нужны. Было одно утешение: на последние деньги Ольга Афанасьевна покупала множество птиц и держала их у себя в комнате, отдавая им всю свою невостребованную любовь. Умерла она в 1945 году в жестокой болезни, бедности и одиночестве.

У Ахматовой в ее комнате в Фонтанном Доме оставались Ольгины вещи: ломберный столик и стул XIX века с резной спинкой, итальянский свадебный сундук XVIII века, украшенный прекрасной резьбой. Именно об этом сундуке («укладке») говорила Ахматова, вспоминая, с чего началась ее Поэма. Осенью 1940 года, разбирая в сундуке свои бумаги, она наткнулась на письма и стихи Всеволода Князева, обращенные к Судейкиной. «О[льгины] вещи, среди которых я долго жила, вдруг потребовали своего места под поэтическим солнцем. Они

О. А. Глебова-Судейкина. Начало 1920-х годов, Петроград. Фото М. Наппельбаума ожили как бы на мгновение, но оставшийся от этого звук продолжал вибрировать долгие годы...»

Прикосновение к прошлому с особой остротой восстановило в памяти их молодость, ее литературный и театральный антураж, богемную, праздничную жизнь с маскарадными переодеваниями, когда видимость казалась ярче и интереснее сущности, когда легко наносили обиды и жили, стараясь не отвечать ни за что.

Думая об Ольге, Ахматова называла ее своим двойником. Самоубийство Князева «было так похоже на другую катастрофу», — писала Ахматова. В ее жизни тоже была подобная история: в 1911 году из-за неразделенной любви к ней застрелился Михаил Линдеберг — скрытый двойник Всеволода Князева в «Поэме без героя». Кроме того, Ахматова помнила, как пытался покончить с собой Николай Гумилев, когда она отказывалась выйти за него замуж.

Двойничество выявляло очень важную для Ахматовой нравственную тему — своей ответственности и своей вины как вины и ответственности своего поколения. Она и ее современники не удержали новый век на должной нравственной и духовной высоте — и поплатились за это вместе со всей страной теми испытаниями, которые начались с Первой мировой войной.

  Все равно подходит расплата —
   Видишь, там, за вьюгой крупчатой
  Мейерхольдовы арапчата
   Затевают опять возню.

Следом за Коломбиной-Судейкиной появляются другие литературные маски, в которых пришли в Белый зеркальный зал Фонтанного Дома ее современники из 1913 года:

  Этот Фаустом, тот Дон-Жуаном,
  Дапертутто, Иоканааном,
   Самый скромный — северным Гланом,
  Иль убийцею Дорианом,
   И все шепчут своим дианам
    Твердо выученный урок.

  Не последние ль близки сроки?..
   Я забыла ваши уроки,
   Краснобаи и лжепророки! —
    Но меня не забыли вы.
  Как в прошедшем грядущее зреет,
  Так в грядущем прошлое тлеет —
   Страшный праздник мертвой листвы.

Мы не будем пытаться раскрывать эти маски. Сама Ахматова писала о замысле «Поэмы» как о «шкатулке с тройным дном», где нет и не может быть однозначных прототипов. «Это "ты" так складно делится на три, как девять и девяносто. Его правая рука светится одним цветом, левая — другим, само оно излучает темное сияние», — замечала она. И еще: «...на этом маскараде были "все". Отказа никто не прислал».

Белый зеркальный зал, выбраный ею местом для маскарада 1913 года, имеет особый пространственный эффект: в нем зеркала поставлены против окон, выходящих в сад, что создает иллюзию продления пространства. В самом архитектурном строении зала отражена идея «двойничества».

Другим своим двойником в «Поэме» Ахматова считала Парашу Жемчугову; многое в их жизни совпадало: незаурядный талант, туберкулез, запрещение петь и роль незаконной жены, «беззаконницы».

Реальные исторические «машкерады», проводившиеся во дворце графов Шереметевых еще в XVIII веке, Ахматова соединила с комедией масок итальянского театра, интерес к которому был особенно велик во времена ее молодости. И весь Шереметевский сад вместе с садовыми павильонами оказался огромной театральной сценой:

> И опять из Фонтанного грота,
> Где любовная стонет дремота,
> Через призрачные ворота
> И мохнатый и рыжий кто-то
> Козлоногую приволок.

Козлоногая, Сатиресса — это Ольга Судейкина в балете И. Саца «Пляс Козлоногих». Может быть, Ахматова вспомнила, что Ольга когда-то играла в Литейном театре, занимавшем часть манежа на территории Шереметевской усадьбы.

Первой части поэмы — «Девятьсот тринадцатый год» — Ахматова дала подзаголовок «Петербургская повесть», продолжая традиции Пушкина с его «Медным всадником» (поэма имела тот же подзаголовок) и Гоголя с его «Петербургскими повестями». Но «Петербургской повестью» может быть названа вся поэма, о которой Ахматова говорила: «Поэма оказалась вместительнее, чем я думала вначале. Она незаметно приняла в себя события и чувства разных временных слоев...».

В «Поэме без героя» Ахматова возвращалась к первому периоду своей жизни в Фонтанном Доме, к теням Гильгамеша и Эабани, Гумилева, Шилейко, Мандельштама. Вспоминала страдания сына, арестованного во флигеле этого дворца, и Павла I, убитого в Михайловском замке на Фонтанке, и рано умершую Парашу Жемчугову:

> Что бормочешь ты, полночь наша?
> Все равно умерла Параша,
> Молодая хозяйка дворца.
> Тянет ладаном из всех окон,
> Срезан самый любимый локон,
> И темнеет овал лица.
> Не достроена галерея —
> Эта свадебная затея,
> Где опять под подсказку Борея
> Это все я для вас пишу•...

Историю Фонтанного Дома она воссоздала в «Поэме без героя» как симфонию человеческого страдания — независимо от того, на какие столетия оно приходилось.

К 1940 году относится только начало работы над «Поэмой», которая стала спутником Ахматовой на долгие годы. «В течение 15 лет эта поэма неожиданно, как припадки какой-то неизлечимой болезни, вновь и вновь настигала меня, — писала Ахматова, — и я не могла от нее оторваться, дополняя и исправляя, по-видимому, оконченную вещь...

И не удивительно, что Z... сказал мне: "Ну, вы пропали! Она вас никогда не отпустит"».

«Поэма без героя», как и большинство произведений, созданных Ахматовой после выхода книги «Anno Domini» (издание 1922, переиздание 1923 года), не была и не могла быть опубликована при сталинском режиме. В 1920-е годы Ахматова готовила к печати двухтомник, но он, после многих лет мытарств, так и не прошел цензуру. В 1935 году она предприняла еще одну попытку издать свои стихи, подготовив сборник «Избранные стихотворения». Л. Я. Гинзбург заметила по этому поводу: «АА подписала с издательством договор на "Плохо избранные стихотворения", как она говорит». Но этот сборник тоже не вышел. Новая книга Ахматовой появилась лишь в 1940 году.

В феврале 1939 года на приеме в честь писателей-орденоносцев Сталин вдруг проявил интерес к Ахматовой. В интерпретации самой Анны Андреевны интерес вождя выразился в следующей фразе: «Что дэлаэт манахыня?» Этого оказалось достаточно, чтобы негласный запрет на печатание ее книг был снят, несмотря на то что ее сын находился в заключении. Стихи Ахматовой появились в периодике, и два издательства, стараясь опередить друг друга, стали готовить к выходу в свет ее сборники. В мае 1940 года появился в продаже один из них — «Из шести книг», толстый, в твердой обложке, тиражом 10 тысяч экземпляров (для сравнения: тираж ее первой книги «Вечер» составлял 300 экземпляров). Сборник соединял в себе раннюю лирику и ряд произведений второй половины 1920-х — 40-го года. В нем, естественно, не было «Реквиема», поэмы «Путем всея земли», многих новых стихов, но все же Ахматовой удалось сделать его и художественно

ПРИМЕЧАНИЯ

- Эти строки не вошли в окончательный вариант «Поэмы без героя».

полноценным, и многослойным. Начиная с этого сборника, прижизненные издания Ахматовой рассчитаны на умеющих читать между строк.

Приятельница Ахматовой Н. Г. Чулкова вспоминала: «За ее сборником "Из шести книг" с утра, задолго до открытия книжной лавки, стояла громадная очередь по Кузнецкому мосту». Б. Пастернак, М. Шолохов и А. Толстой выдвинули книгу на Сталинскую премию. Однако очень скоро власти опомнились. Вышло постановление: «Книгу стихов Ахматовой изъять». Это постановление, к которому приложил руку А. А. Жданов («Как этот ахматовский «блуд с молитвой во славу божию» мог явиться в свет?»), не афишировалось, в отличие от постановления 1946 года, при подготовке которого ждановская формулировка была использована. Сборник «Из шести книг» был изъят из продажи и из библиотек.

В ноябре 1940 года Борис Леонидович Пастернак, еще недавно поздравлявший Ахматову с выходом ее книги, писал ей:

«Дорогая, дорогая Анна Андреевна!

Могу ли я что-нибудь сделать, чтобы хоть немного развеселить Вас и заинтересовать существованьем в этом снова надвинувшемся мраке, тень которого я с дрожью чувствую ежедневно и на себе. Как Вам напомнить с достаточностью, что жить и хотеть жить (не по какому-нибудь еще, а только по-Вашему) Ваш долг перед живущими, потому что представления о жизни легко разрушаются и редко кем поддерживаются, а Вы их главный создатель».

За этими словами поддержки стояла действительная готовность помочь. Пастернак не раз приходил на помощь Ахматовой. Его письмо Сталину в 1935 году способствовало освобождению Пунина и Гумилева. Когда Ахматова бывала в бедственном положении, Пастернак не раз помогал ей деньгами. Так, Надежда Яковлевна Мандельштам рассказала, что после постановления 1946 года, когда Ахматова была в Москве, Пастернак пришел к ней и оставил у нее под подушкой 1000 рублей. В свою очередь, и Борис Леонидович нуждался в поддержке Анны Андреевны. Подруга Ахматовой Нина Антоновна Ольшевская вспоминала: «Когда Пастернаку было плохо, ну, ссорился с женой или что-нибудь подобное, он уезжал в Ленинград и останавливался у Анны Андреевны. Стелил на полу свое пальто и так засыпал, и она его не беспокоила. На моей памяти это было раза три».

Несмотря на то что после негласного постановления ЦК в 1940 году сборник стихов Анны Ахматовой изъяли из продажи, интерес к ней Сталина, проявленный в 1939 году, имел некоторые положительные последствия. Анну Ахматову приняли в Союз писателей. Ей даже собирались назначить персональную пенсию и «предоставить в срочном порядке» «самостоятельную жилплощадь». Об этом хлопотали М. Зощенко, К. Федин и А. Фадеев. Однако после долгих проволочек ходатайство о персональной пенсии было отклонено, квартиру также не дали. Но положение Ахматовой все же несколько упрочилось: она получила официальный статус, что было так же необходимо для жизни в советской системе, как иметь паспорт и прописку.

Первые месяцы Великой Отечественной войны Ахматова провела в Ленинграде. 25 августа 1941 года, в двадцатую годовщину смерти Гумилева, ее навестил П. Н. Лукницкий. Он записал в своем дневнике: «Она лежала — болеет. Встретила меня очень приветливо, настроение у нее хорошее, с видимым удовольствием сказала, что приглашена выступить по радио. Она — патриотка, и сознание, что сейчас она душой вместе со всеми, видимо, очень ободряет ее». К этому времени уже было написано стихотворение Ахматовой «Клятва»:

> И та, что сегодня прощается с милым, —
> Пусть боль свою в силу она переплавит.
> Мы детям клянемся, клянемся могилам,
> Что нас покориться никто не заставит!

По свидетельству И. Н. Пуниной, Ахматову привлекали к «работам по спасению города». Ольга Берггольц в своем стихотворении «В 1941 году в Ленинграде» рассказала, как Ахматова дежурила с противогазом у ворот Шереметевского дворца. Ахматова помнила, как участвовала в спасении статуи «Ночь» в Летнем саду, когда для защиты от артобстрелов многие статуи зарывали в землю:

> Ноченька!
> В звездном покрывале,
> В траурных маках, с бессонной совой...
> Доченька!
> Как мы тебя укрывали
> Свежей садовой землей.

«Когда мы сидели в "щели" в нашем садике, — рассказывала Ахматова Н. Г. Чулковой, — я и семья рабочего, моего соседа по комнате (его ребенок был у меня на руках)**, я вдруг услышала такой рев, свист и визг, какого никогда в жизни не слыхала, это были какие-то адские

ПРИМЕЧАНИЯ

• Фраза из резолюции А. А. Жданова на докладной управляющего делами ЦК ВКП(б) Д. В. Крупина, посвященной разоблачению антисоветской направленности стихов сборника «Из шести книг».

•• Речь идет о Е. Ф. Смирнове и его младшем сыне Вове.

звуки, мне казалось, что я сейчас умру». Чулкова спросила: «Что вы подумали в это время?» — «Я подумала, — сказала она, — как плохо я прожила свою жизнь и как я не готова к смерти». — «Но ведь можно и в один миг покаяться и получить прощение?» — «Нет, надо раньше готовиться к смерти», — ответила Анна Андреевна.

31 августа Ахматова обратилась к своим друзьям — литературоведам Борису Викторовичу и Ирине Николаевне Томашевским с просьбой забрать ее из Фонтанного Дома к ним, в писательский дом на канале Грибоедова, 9, в котором было бомбоубежище. «Борис Викторович зашел за ней и привел на канал Грибоедова, — пишет в своих воспоминаниях их дочь, Зоя Борисовна. — На Михайловской площади их застала воздушная тревога. Теперь это площадь Искусств — парадная и красивая. Тогда она больше походила на трамвайный парк. В середине — комочек густой зелени, обмотанной двумя или тремя петлями трамвайных путей и плотной стеной трамваев. Они кинулись в первую попавшуюся подворотню. В третьем дворе спустились в бомбоубежище. Борис Викторович огляделся и лукаво сказал: "Вы узнаете, Анна Андреевна, куда я вас завел? В "Бродячую собаку". Анна Андреевна невозмутимо ответила: "Со мной — только так"».

Первые дни Ахматова жила в комнате И. Н. Томашевской. Но спускаться с пятого этажа в подвал и подниматься обратно ей вскоре стало трудно, и Ахматова перебралась жить в бомбоубежище, в комнату дворника Моисея Епишкина, в которой он разрешил поставить тахту. «17 сентября, — рассказывает З. Б. Томашевская, — случилась беда. Анна Андреевна попросила Моисея купить ей пачку "Беломора". Он пошел и не вернулся. У табачного ларька на улице Желябова разорвался дальнобойный снаряд.

Всю жизнь Анна Андреевна помнила этот день».

В конце сентября поэтесса О. Ф. Берггольц и литературовед Г. П. Макогоненко, тогда работавшие на радио, записали для радиопередачи голос Ахматовой. Запись была сделана в писательском доме, в квартире М. М. Зощенко, передана в Москву, а оттуда на всю страну. Анна Ахматова обращалась к женщинам Ленинграда со словами надежды и веры.

Вскоре Ахматовой и Зощенко пришел подписанный Фадеевым вызов в Москву. Это означало спасение: Ленинград был уже на блокадном положении. 25 сентября 1941 года Н. Н. Пунин записал в дневнике: «Днем зашел Гаршин и сообщил, что Ан. послезавтра улетает из Ленинграда. (Ан. уже давно выехала отсюда и последнее время жила у Томашевского, в писательском доме, где есть бомбоубежище. Она очень боится налетов, вообще всего.) Сообщив это, Гаршин погладил меня по плечу, заплакал и сказал: "Ну вот, Н[иколай] Н[иколаевич], так кончается еще один период нашей жизни". Он был подавлен. Через него я передал Ан. записочку: "Привет, Аня, увидимся ли когда или нет. Простите; будьте только спокойны" <...> от слов Гаршина я как будто опомнился; может быть, действительно мы никогда не увидимся, совсем никогда <...> Странно мне, что Ан. так боится: я так привык слышать от нее о смерти, об ее желании умереть. А теперь, когда умереть так легко и просто? Ну, пускай летит! Долетела бы только.

Внезапно и быстро кончается все, что было до этой войны".

Ахматова была эвакуирована из Ленинграда 28 сентября 1941 года. Из Москвы ее направили в Чистополь, где они встретились с Л. К. Чуковской. Та спросила: «Боятся ли в Ленинграде немцев? Может так быть, что они ворвутся?» Анна Андреевна ответила: «Что вы, Л[идия] К[орнеевна], какие немцы? О немцах никто и не думает. В городе голод, уже едят собак и кошек. Там будет мор, город вымрет. Никому не до немцев». Однако в поезде по дороге в Чистополь Ахматова говорила Маргарите

А. А. Ахматова и Вова Смирнов. 1940 год

Алигер об очистительной силе войны с фашизмом: «Она перевернет мир, эта война, переделает всю нашу жизнь... Она откроет двери тюрем и выпустит на волю всех невинных... И уверяю вас, никогда еще не было такой войны, в которой бы с первого выстрела был ясен ее смысл, ее единственно мыслимый исход. Единственно допустимый исход, чего бы это нам ни стоило».

Из Чистополя Ахматова с семьей Лидии Чуковской отправилась в Ташкент, который стал местом ее пребывания на несколько лет.

В. Г. Гаршин остался в Ленинграде. Во время блокады он был главным прозектором города, вел огромную научную работу, результаты которой позволяли спасать больных и раненых. В страшном 1942 году он писал на фронт сыну Алексею: «Как-то особенно резко чувствуется кровная связь со всей страной вообще и с Ленинградом в частности, а для меня — и с нашим институтским коллективом. Чувствуется связь собственной судьбы с судьбой страны <...>
Я знал дореволюционный Петербург, советский Ленинград довоенной эпохи <...> Теперь будет новый Ленинград, другая жизнь...» Гаршину предлагали эвакуироваться, но он отказался, потому что ощущал необходимость помогать людям, оставшимся в блокадном городе.

З. Б. Томашевская вспоминала, как их в квартире на канале Грибоедова навещал Гаршин, прося разрешения посидеть на «этом диване», то есть на диване, где какое-то время спала Ахматова. «В конце января он застал всех в очень тяжелом состоянии. Были потеряны карточки. Все ... лежали тихо по своим углам. Было совсем темно и очень холодно. Владимир Георгиевич посидел, как всегда, молча. И вдруг сказал: "Лошадей уже всех съели, но у меня остался овес. Я бы мог дать его вам. Если бы кто-нибудь пошел со мной"». Речь шла об овсе, предназначавшемся для похоронных лошадей. «Мерка овса спасла нас от верной гибели», — пишет Зоя Борисовна.

Подобную историю рассказывала и ученица Гаршина, автор книги о нем — Т. Б. Журавлева: когда лаборантка ВИЭМа[•] потеряла продуктовые карточки, он сказал ей: «Ну что ж, Елизаветушка, приходите ко мне, будем делить все пополам». И в течение 10 дней, сам недавно оправившийся от алиментарной дистрофии, делился своим скудным пайком, скрывая это от окружающих.

В 1942 году у Гаршина умерла жена, умерла прямо на улице от инсульта. После смерти тело ее стало добычей крыс. Для Владимира Георгиевича это было глубочайшим потрясением. Пять месяцев он находился в депрессии и не писал Ахматовой. Затем переписка возобновилась.

В блокадном городе оставался и Николай Николаевич Пунин с семьей. Женщины работали на «скорой помощи»: Анна Евгеньевна — как врач, Ирина Пунина и Марта Голубева — «медбратьями». Сам Пунин записался в ополчение, но участвовать в военных действиях ему не пришлось. Он продолжал работу в Институте живописи, скульптуры и архитектуры.

13 декабря 1941 года Пунин записал в дневнике:

«"De profundis clamafi"••. Господи, спаси нас... Мы погибаем. Но Его величие так же неумолимо, как непреклонна советская власть. Ей, имеющей 150 миллионов, не так важно потерять 3. Его величию, покоящемуся в эфире, не дана, как нам, земная жизнь. Мы гибнем. Холодной рукой, коченеющей я пишу это... Брошенные, голодные, мы живем в этом ледяном и голодном мире. Падают снега в таком изобилии, какого я не помню. Весь город покрыт чистыми сугробами, как саваном.

...По улицам везут некрашеные гробы на санках и хоронят в братских могилах; больничные дворы завалены телами, и их некому хоронить... На решетке сада одного из разбитых домов долго висела кем-то привязанная рука по локоть. Мимо идут черные толпы людей с землистыми и отечными лицами.

И все просто, никто не говорит ничего особенного; не говорят ни о чем, кроме талонов, и еще о том, как эвакуироваться. Просто терпят и, вероятно, думают, как я: может быть, еще не я на очереди.

Ночью я больше всего чувствую одиночество и бессмысленность просьбы или мольбы и иногда тихо плачу. Думаю, каждый тихо плачет хоть раз в сутки <...> И нет спасения. И его даже нельзя придумать, если не предаваться мечтам. "Мы отвергли Его, — думаю я, — и Он нас". И знаю, что это значит предаваться мечтам. "Miserere",••• — бормочу я и прибавляю: — вот он, Dies irae"••••, — Господи, спаси нас».

19 февраля 1942 года семья Пуниных была эвакуирована из Ленинграда вместе с Академией художеств. 19 марта Ахматова получила от Николая Николаевича телеграмму о том, что он, проездом в Самарканд, будет в Ташкенте и просит встретить его эшелон.

Из дневника Пунина, 23 сентября 1942 года (Самарканд, после больницы):

«Из больницы написал два письма Ан. Она оказалась в Ташкенте и пришла к поезду, пока мы стояли. Была добра и ласкова, какой редко бывала раньше, и я помню, как потянулся к ней

ПРИМЕЧАНИЯ

Всесоюзный институт экспериментальной медицины.

Из глубины воззвал *(лат.)*.

Помилуй *(лат.)*.

День гнева *(лат.)*.

и много думал о ней, и все простил, и во всем сознался, и как все это связалось с чувством бессмертия, которое пришло и легло на меня, когда я умирал с голода.

Это чувство открыла во мне Тика•; она сказала: есть бессмертное. Это было тогда, когда я лежал у нее на Петровском перед эвакуацией. Тика осталась в Ленинграде, потому что не хотела ехать с Галей. Мы попрощались у ворот Академии; она смотрела на меня, как мне показалось тогда, с отчаянием и злобой, как будто не прощая мой отъезд, и расставалась со мной как будто навсегда... больше не хотел вспоминать о ней, но думал часто, собственно, даже всегда, и письма к Ан. были скорее письмами ей в чужой адрес».

Письмо Пунина, написанное в больнице, было особенно дорого Ахматовой. Вот отрывок из этого письма:

«14 апреля 42
Самарканд, больница
Здравствуйте, Аничка.

Бесконечно благодарен за Ваше внимание и растроган; и это не заслужено. Все еще в больнице не столько потому, что болен, сколько оттого, что здесь лучше, чем на воле... Сознание, что я остался живым, приводит меня в восторженное состояние... Впрочем, когда я умирал, т. е. знал, что я непременно умру — это было на Петровском острове у Голубевых... я тоже чувствовал этот восторг и счастье. Тогда именно я думал о Вас много. Думал, потому что в том напряжении души, которое я тогда испытывал, было нечто... похожее на чувство, жившее во мне в 20-х годах, когда я был с Вами. Мне кажется, я в первый раз так всеобъемлюще и широко понял Вас — именно потому, что это было совершенно бескорыстно, так как увидеть Вас когда-нибудь я, конечно, не рассчитывал, это было действительно предсмертное с Вами свидание и прощание. И мне показалось тогда, что нет другого человека, жизнь которого была бы так цельна и потому совершенна, как Ваша; от первых детских стихов... до пророческого бормотания и вместе с тем гула поэмы. Я тогда думал, что эта жизнь цельна не волей — и это мне казалось особенно ценным — а той органичностью, т. е. неизбежностью, которая от Вас как будто совсем не зависит... Многое из того, что я не оправдывал в Вас, встало передо мной не только оправданным, но и, пожалуй, наиболее прекрасным. Вы знаете, многие осуждают Вас за Леву, но тогда мне было так ясно, что Вы сделали мудро... (я говорю о Бежецке) и Лева не был бы тем, что он есть, не будь у него бежецкого детства. Я и о Леве тогда много думал, но об этом как-нибудь в другой раз — я виноват перед ним. В Вашей жизни есть крепость, как будто она высечена в камне и одним приемом очень опытной руки. Все это — я помню — наполнило меня тогда радостью и каким-то совсем не обычным, не сентиментальным умилением, словно я стоял перед входом в Рай (вообще тогда много было от "Божественной Комедии"). И радовался я не столько за Вас, сколько за мироздание, потому что от всего этого я почувствовал, что нет личного бессмертия, а есть Бессмертное ... Умирать было не страшно, так как я не имел никаких претензий персонально жить или сохраниться после смерти ... Но что есть Бессмертное и я в нем окажусь — это было так прекрасно и так торжественно. Вы казались мне тогда — и сейчас тоже — высшим выражением Бессмертного, какое я только встречал в жизни».

Поправившись, Николай Николаевич побывал в Ташкенте в гостях у Анны Андреевны. Между Ахматовой и семьей Пуниных завязалась переписка. Ахматова посылала в Самарканд вещи для маленькой Ани.

В 1943 году в Самарканде умерла Анна Евгеньевна Аренс. «Сгорела в месяц, — писал Пунин. — Сердце было утомлено ночными дежурствами, кофеином и самаркандской трудовой нагрузкой». Это было большое горе для семьи. Оплакивала смерть Анны Евгеньевны и Ахматова.

Из Ленинграда пришла весть о смерти одного из соседских мальчиков. Ахматова думала, что речь идет о младшем из них, Вове, которого она ласково называла «Шакалик». («Я уже не раз замечала — с ребенком на руках она сразу становится похожей на статую мадонны — не лицом, а всей осанкой, каким-то скромным и скорбным величием», — писала Л. К. Чуковская об Ахматовой с «Шакаликом» на руках.) Памяти Вовы Смирнова посвящены два пронзительных стихотворения Ахматовой 1942 года: «Щели в саду вырыты...» и «Постучись кулачком — я открою». Однако вскоре Ахматова узнала, что умер не Вова, а старший из братьев — Валя, которого она тоже любила: занималась с ним французским, читала ему Пушкина. В 1942 году умер и Евгений Федорович Смирнов.

Жизнь в эвакуации прервала ее связь с сыном: семь месяцев от него не было ни одного письма. Однако периодически сведения о Льве Николаевиче все-таки приходили. Ахматова знала, что он был освобожден из лагеря и находился в ссылке в Норильске. В 1944 году Лев Гумилев добровольцем пошел на фронт и солдатом дошел до Берлина.

ПРИМЕЧАНИЯ

• Домашнее имя Марты Андреевны Голубевой.

В мае 1944 года Ахматова решила вернуться в Ленинград. По дороге она остановилась в Москве. «...Я никогда не видела ее такой радостной, — писала Маргарита Алигер. — Она была оживленная, преображенная, молодая и прекрасная. Подняла свою знаменитую челку, открыв высокий, чистый, удивительный лоб, и все лицо ее стало открытее, доступнее, покойнее. Все было замечательно, — она прямо говорила об этом, — ее сын был жив и здоров, ее город был свободен, и ее там ждали... Война шла к концу, к победе, и жизнь словно начиналась снова и по-новому. Больше я никогда не видела ее такой откровенно счастливой».

Ахматова ехала в Ленинград к В. Г. Гаршину. Еще в Ташкенте она получила письмо с просьбой стать его женой и принять его фамилию. Ахматова согласилась. И теперь она говорила друзьям: «Я еду к мужу».

«Гаршин должен был к ее приезду подготовить квартиру в доме ВИЭМа (Кировский пр., 69/71) и неоднократно говорил об этом с мамой, — рассказывает в своих воспоминаниях Ольга Иосифовна Рыбакова, с родителями которой были дружны и Анна Андреевна, и Владимир Георгиевич, — но квартира ввиду строительных сложностей готова не была. А. А. написала Гаршину о своем приезде, потом уже из Москвы звонила, но он ей не сказал, что квартира, в которой они могли бы поселиться вместе, еще не готова, а сам просил мою мать поселить Анну Андреевну пока у нас».

Владимир Георгиевич был очень взволнован предстоящей встречей. Несколько лет, проведенных не только врозь, но и абсолютно по-разному, могли отдалить их друг от друга. Как врач Гаршин знал, что пережитое им во время блокады оставило на его здоровье тяжелый след, что он уже не тот и едва ли сможет служить поддержкой Анне Андреевне, а она нуждалась в поддержке. В письмах к сыну он пытался подготовить его к тому, что женится на Ахматовой, но в них звучит неуверенность. Его преследовали видения, в которых ему являлась покойная жена и запрещала жениться на Ахматовой.

В Ленинград Ахматова возвращалась вместе со своими друзьями — литературоведом Владимиром Георгиевичем Адмони и Тамарой Исааковной Сильман. «Ахматову провожает несколько человек, — вспоминал Адмони. — Среди них запомнилась мне Фаина Раневская и одна благостная старушка. Прощаясь с Ахматовой, задолго до отхода поезда, старушка несколько раз обняла и перекрестила ее, даже прослезилась. Когда она ушла, Ахматова подошла к нам (мы стояли немного поодаль) и сказала: "Бедная! Она так жалеет меня! Так за меня боится! Она думает, что я такая слабенькая. Она и не подозревает, что я — танк!"

...В Ленинград поезд приходил часов в одиннадцать утра. Мы знали, что Ахматову будет встречать Гаршин. И действительно, когда мы вышли из вагона, на перроне стоял человек типично профессорского вида (я редко видал людей, о которых с такой определенностью можно было сказать, что это профессор в старом, как бы петербургском смысле этого слова). Он подошел к Ахматовой, поцеловал ей руку и сказал: "Аня, нам надо поговорить". Они стали, разговаривая, ходить по перрону. Мы поняли, что уйти нам нельзя. Ходили они не очень долго, минут пять или восемь. Потом остановились. Гаршин опять поцеловал Ахматовой руку, повернулся и ушел. Мы почувствовали, что он уходит, окончательно вычеркивая себя из жизни Ахматовой.

Ахматова подошла к нам. Она сказала совершенно спокойно, ровным голосом: "Все изменилось. Я еду к Рыбаковым".

... Я побежал искать случайную машину... По дороге говорили о тех улицах, по которым проезжали, отмечали изменения в облике Ленинграда. Ахматова пристально смотрела на город, была, как всегда, необычайно точна и метка в своих словах...

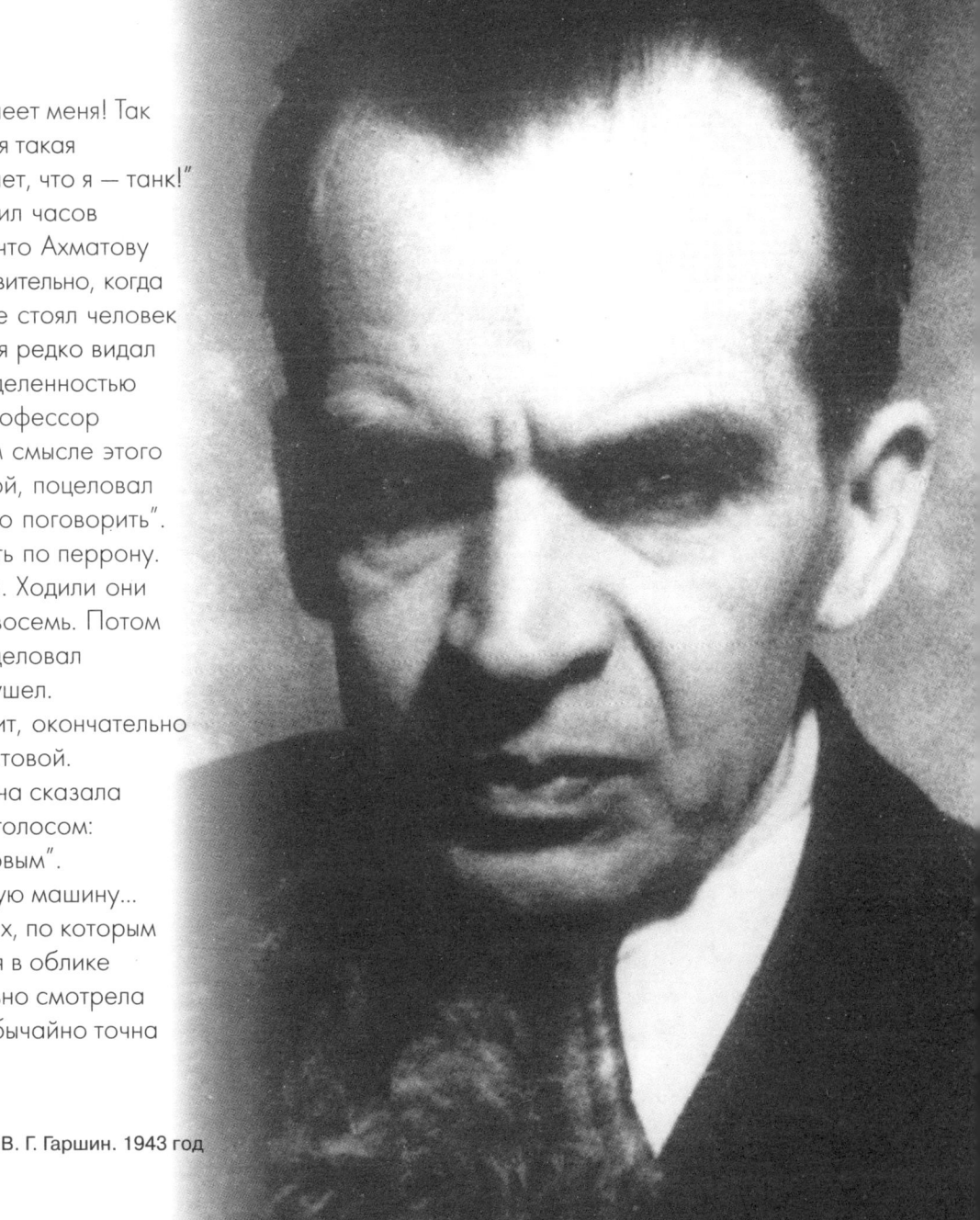

В. Г. Гаршин. 1943 год

Когда Ахматова прощалась с нами и с легкой улыбкой благодарила нас за помощь, мы оба вспомнили об ее так недавно сказанных словах: "Она и не подозревает, что я — танк...".

Гаршин не вычеркнул себя из жизни Ахматовой. «Ахматова у нас прожила месяца три, то есть июнь, июль и август, — вспоминала О. И. Рыбакова. — По приезде она не сразу получила карточки, ведь надо было оформить прописку. Владимир Георгиевич бывал у нас сначала каждый день, он приносил ей в судках обед из какой-то более или менее привилегированной столовой по своим талонам. Они подолгу разговаривали в ее комнате. Анна Андреевна говорила моей матери, что она очень удивлена, что нет обещанной квартиры•. Что, если бы она знала об этом в Москве, она бы там и осталась, у нее было там много друзей, и ее уговаривали остаться. В Ленинграде ей очень не хотелось возвращаться в разоренный Фонтанный Дом, с которым у нее были связаны тяжелые воспоминания. Гаршин бывал каждый день, это продолжалось недели две. И вот однажды я услыхала громкий крик Анны Андреевны. Разговор оборвался. Гаршин быстро вышел из ее комнаты, стремительно пересек столовую и поспешно ушел. Больше они не встречались, она его видеть больше не хотела»••.

6 августа 1944 года Ахматова послала в Москву своей подруге — актрисе Н. А. Ольшевской телеграмму: «Гаршин тяжело болен психически расстался со мной сообщаю это только вам Анна». А в январе 1945 года написала следующее стихотворение:

...А человек, который для меня
Теперь никто, а был моей заботой
И утешеньем самых горьких лет, —
Уже бредет, как призрак по окраинам,
По закоулкам и задворкам жизни,
Тяжелый, одурманенный безумьем,
С оскалом волчьим...

Боже, боже, боже!
Как пред тобой я тяжко согрешила!
Оставь мне жалость хоть...

Это стихотворение подводило итог их отношениям.

Ахматова убрала имя Гаршина из обращенных к нему стихов, полностью переделала посвященные ему строки в «Поэме без героя».

Слухи о том, что Гаршин сошел с ума и еще до возвращения Ахматовой женился на молоденькой медсестре, получили широкое хождение среди знакомых и друзей Анны Андреевны, не общавшихся с Гаршиным после войны, и даже попали в ее первую биографию. Однако ни то, ни другое не было правдой.

После войны Гаршин продолжал руководить двумя кафедрами — в 1-м Ленинградском

медицинском институте и в ВИЭМе, читал лекции студентам, публиковал научные работы. В конце 1944 года он написал небольшую статью «Там, где смерть помогает жизни» и посвятил ее памяти жены. Статья была опубликована в сокращенном виде, полный же ее текст сослуживцы и ученики Гаршина переписывали от руки•••.
В ней говорилось о воле к преодолению, соединявшей ленинградцев, о том, как работа патологоанатома помогала ставить диагнозы больным и раненым и тем самым смерть помогала жизни. Кончается статья словами: «...наступает новая жизнь, новая эпоха, и постепенно мое настоящее станет для меня прошлым, уйдет. Уйдет, но оставит глубокий рубец. Странно. Этот рубец как-то выпрямил душу».

В начале 1945 года Гаршин женился на Капитолине Григорьевне Волковой, с которой был знаком с 1922 года. Врач-патологоанатом, доктор медицинских наук, она во время войны работала вместе с Гаршиным, они поддерживали друг друга, их объединяли общие испытания. Капитолина Григорьевна создала в доме Гаршина спокойную, благополучную атмосферу, что было необходимо Владимиру Георгиевичу, отдававшему все силы работе.

В конце 1945 года Гаршин был избран действительным членом Академии медицинских наук СССР. Его жизнь была заполнена научной и преподавательской деятельностью. Однако стали сказываться последствия блокады: возникла гипертония, в 1949 году произошел инсульт. Выйдя из больницы, Гаршин продолжал работать, но был уже тяжелобольным человеком. Об этом периоде рассказывает О. И. Рыбакова: «Во время болезни Гаршина его навещала моя мать, а после ее смерти ездила я. Мне вспоминается, что Капитолина Григорьевна принимала меня очень любезно, уход за больным был дома очень хорошим, но он был неузнаваем. Во время улучшений он звонил нам по телефону, а когда трубку брала няня моей дочки, то она говорила: "Опять звонил загробный голос". Не раз спрашивал об Ахматовой: "Как там Аня?" Но Анна Андреевна о нем ни разу не спросила...»

После ждановского постановления 1946 года на каждом предприятии, в каждом учреждении, в каждом рабочем коллективе должны были

ПРИМЕЧАНИЯ

•
В. Г. Гаршин получил эту квартиру весной 1945 года.

••
Э. Г. Герштейн со слов Ахматовой записала: «Он приходил к ней в дом Рыбаковых и объяснялся. Наконец, Анна Андреевна указала ему, в какое глупое положение он ее поставил, не посчитавшись с ее именем. "А я об этом не думал", — ответил он. Вот это и взорвало Ахматову».

•••
В музее Анны Ахматовой хранится экземпляр статьи, переписанный сестрой Т. Б. Журавлевой — М. Б. Журавлевой, в то время студенткой 1-го Медицинского института.

пройти собрания, на которых клеймили Анну Ахматову и Михаила Зощенко. Состоялось такое собрание и в ВИЭМе: «После этого знаменитого постановления… у нас было собрание преподавательского состава, — вспоминала М. М. Тушинская, в то время аспирантка ВИЭМа. — …Нас тоже пригласили на это собрание. И мы должны были проклинать, предавать анафеме. Все молчали. Опустив глаза, абсолютно все молчали. Выступил только Владимир Георгиевич Гаршин. Он сказал: "Я был другом Анны Андреевны, я остаюсь ее другом, и я буду ее другом"»•.

В. Г. Гаршин умер в 1956 году. О том, как Ахматова узнала о его смерти, рассказывала А. Г. Каминская: «Однажды утром Анна Андреевна опустила руку за брошкой в бочонок-коробку, где она у нее лежала. Она постоянно пользовалась большой темной брошкой… Там же, в бочоночке, лежала и вторая ее брошка, маленькая, с темным лиловым камнем. На камне высоким рельефом была вырезана античная женская головка. Камень был в простой металлической оправе с прямой застежкой, работа конца XIX века. Эта брошка носила название "Клеопатра" и надевалась довольно редко. Я знала, что эта брошка — подарок Анне Андреевне от Гаршина, она ее хранила как память о нем. В то утро Анна Андреевна вынула из бочонка "Клеопатру" и вдруг спросила меня: "Ты ее не трогала?" — "Нет, Акума"… Она взволнованно смотрела на брошку — камень треснул сквозной трещиной прямо через лицо головки.

Через несколько дней Анна Андреевна узнала о смерти В. Г. Гаршина — он умер 20 апреля, и это был тот день, когда она увидела трещину на камне».

После разрыва с Гаршиным Ахматова продолжала жить у Рыбаковых. Но 19 июля 1944 года, когда Н. Н. Пунин с дочерью и внучкой Аней вернулся в Ленинград после эвакуации, она ждала их у ворот Фонтанного Дома. Отдала Ане букет цветов и сказала Николаю Николаевичу: «Я в Фонтанном Доме жить больше никогда не буду». Однако уже в августе того же года она поселилась здесь вновь.

Шереметевский дворец пострадал от бомбежек, но не был разрушен. В изрытый траншеями Шереметевский сад попало четыре снаряда; во время обстрелов снаряды попадали и в дом; в стене флигеля, в котором находилась квартира 44, образовалась большая трещина.

В квартире были выбиты все стекла, не действовали водопровод и электричество. 24 июля 1944 года Николай Николаевич записал в дневнике: «В квартире многое осталось таким, каким оно было, когда уезжали. Следы наших коченеющих, умирающих рук. Эту веревку вокруг печки привязала Галя, чтобы сушить чулки. Ее смерть лежит на многих вещах».

Во время войны Татьяна и Вова Смирновы переехали в другой флигель Фонтанного Дома, и Ахматова, стихи которой в годы войны обрели широкое признание, получила от Союза писателей ордер даже на две комнаты: ту, в которой она жила перед эвакуацией, и бывшую комнату Смирновых. Благодаря Г. П. Макогоненко, мужу О. Ф. Берггольц, в комнатах Ахматовой был сделан ремонт, Николай Николаевич и Ирина Николаевна, как могли, привели всю квартиру в жилое состояние.

В ноябре 1945 года в Фонтанный Дом вернулся Лев Гумилев. 16 ноября Пунин записал в дневнике: «На ту половину приехал с фронта Лева Гумилев. Он приехал два дня тому назад, поздно вечером. Акума пришла в страшное возбуждение, бегала по всей квартире и плакала громко». Лев Николаевич поселился в маленькой комнате, а она — в соседней, большей по размеру.

Это было счастливое время для Ахматовой: вернулся сын, их отношения налаживались. Лев Николаевич поступил в аспирантуру, его ожидала научная работа. И кажется, впервые в ее жизни после длительного периода репрессий возникло ощущение, что ее поэзия официально признана государством. Она много выступала, к печати готовилось три сборника ее стихов.

Была поздняя осень 1945 года.

ПРИМЕЧАНИЯ

- Магнитофонная запись воспоминаний М. М. Тушинской хранится в Музее Анны Ахматовой.

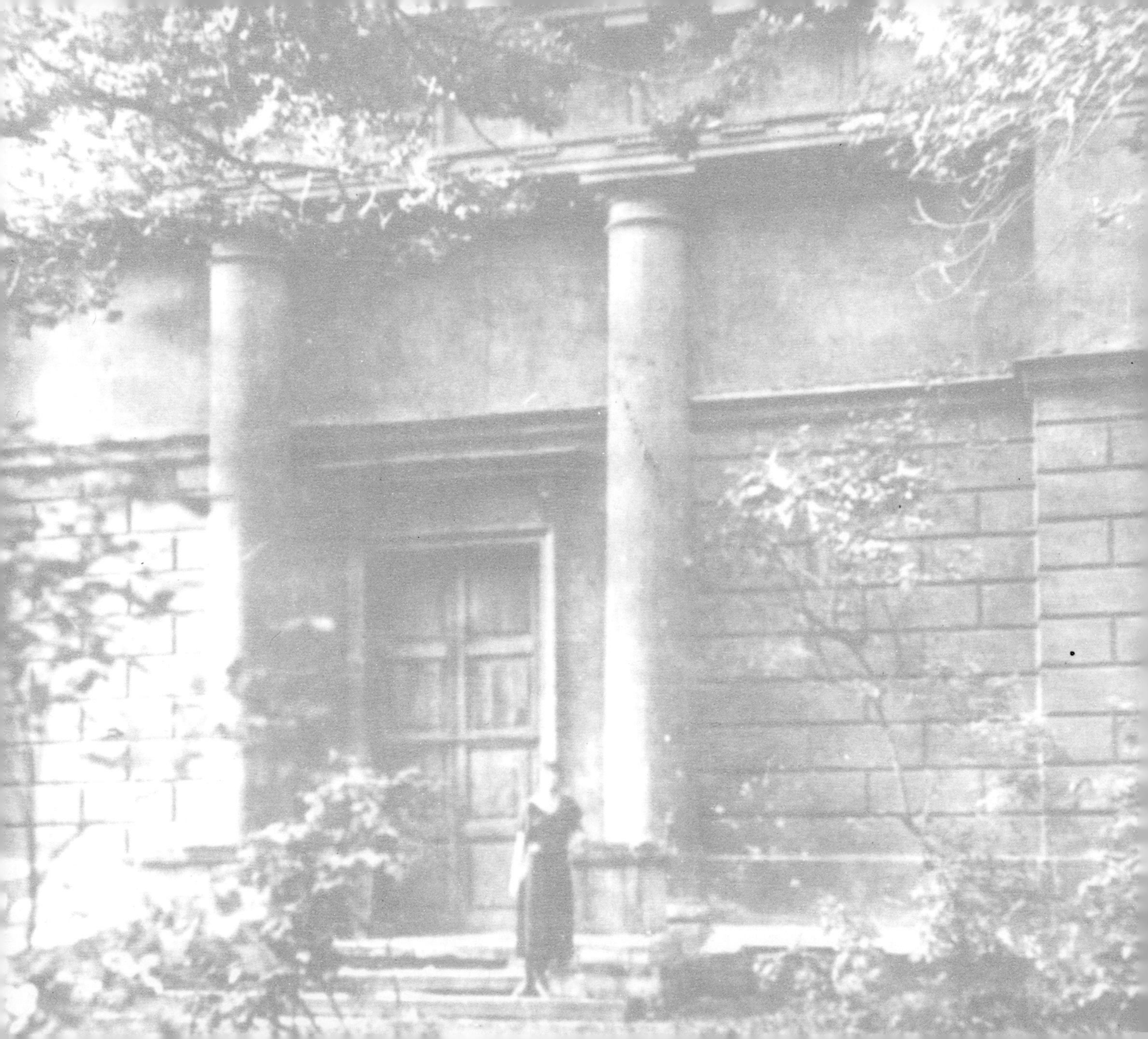

Глава четвертая

В ноябре 1945 года раздался телефонный звонок. Литературный критик Владимир Николаевич Орлов просил Ахматову принять гостя из Англии — сотрудника Британского посольства, знатока и почитателя русской поэзии, которого звали Исайя Берлин. Ахматова согласилась и назначила время: три часа дня.

И эта встреча на многие годы определила ее жизнь, принеся ей новые неожиданные испытания.

Исайя Берлин родился в Риге в 1909 году, в семье торговца лесом. В начале первой мировой войны, когда ему было 6 лет, семья переехала в Петроград, а в 1919 году его отец, понимая, что жизнь в России становится невыносимой, решил перевезти семью в Англию, где у него остались торговые связи. Берлин поступил в один из старейших колледжей Оксфордского университета и по окончании его с 1933 года там же преподавал. Во время войны он работал дипломатом в Канаде и в Америке, а в 1945 году, когда решались судьбы послевоенного мира и отношений бывших союзников: Англии, Америки и России, — в Министерстве иностранных дел Великобритании ему предложили поехать в Советский Союз, чтобы навести мосты между Англией и Россией и составить записку о советской международной политике.

Так он оказался в Москве, где вскоре познакомился с Б. Л. Пастернаком и К. И. Чуковским. А в Ленинград — город своего детства — он приехал всего на пару дней, влекомый своего рода книжным соблазном: ему рассказали, что после блокады на прилавки букинистов попало много уникальных книг.

В первый же день в Книжной лавке писателей на Невском проспекте он разговорился с В. Н. Орловым, который рассказал ему о жизни блокадного города, о муках и страданиях людей. Берлин расспрашивал о судьбе ленинградских писателей. Орлов назвал имя Ахматовой и спросил Берлина: «Хотите встретиться с ней?» Так родилась идея этой встречи.

«Критик и я вышли из Книжной лавки, — вспоминал Берлин, — повернули налево, перешли через Аничков мост и снова повернули налево вдоль набережной Фонтанки. Фонтанный Дом, дворец Шереметевых — прекрасное здание в стиле позднего барокко, с воротами тончайшего художественного чугунного литья, которым так знаменит Ленинград. Внутри — просторная зеленая площадка, напоминающая четырехугольный дворик какого-нибудь большого колледжа в Оксфорде или Кембридже. По одной из крутых, темных лестниц мы поднялись на верхний этаж и вошли в комнату Ахматовой. Комната была обставлена очень скупо, по-видимому, почти все, что в ней стояло раньше, исчезло во время блокады — продано или растащено. В комнате стоял небольшой стол, три или четыре стула, деревянный сундук, тахта и над незажженной печкой — рисунок Модильяни. Навстречу нам поднялась статная, седоволосая дама в белой шали, наброшенной на плечи.»

Исайя Берлин. 1947 год

Визит Исайи Берлина к Ахматовой закончился самым фантасмагорическим образом. Едва только они разговорились, как из сада донеслись какие-то крики и, к своему великому изумлению, Берлин явственно различил в них свое имя: «Исайя, Исайя!». Выглянув в окно, Берлин увидел своего английского знакомого — Рандольфа, сына премьер-министра Великобритании Уинстона Черчилля. Когда они вместе с Орловым спустились в сад, Берлин почти механически представил их друг другу и вдруг увидел, что лицо критика стало белым как мел и он тут же куда-то исчез. Оказалось, Рандольф Черчилль, узнав от общих знакомых, что Берлин отправился с визитом к Ахматовой в Фонтанный Дом, предпринял попытку самостоятельно его разыскать. Он сам нашел дворец, через вестибюль прошел в сад, но, не зная, куда идти дальше, прибегнул к тому способу поисков приятеля, который был принят в пору их студенческой жизни, что и вызвало всеобщий переполох. Спешно выпроводив Рандольфа Черчилля из Фонтанного Дома, Берлин уже из гостиницы позвонил Ахматовой, чтобы извиниться за происшедшее и попросить о продолжении их встречи.

Вечером он еще раз пришел в Фонтанный Дом.

Ахматова расспрашивала его о судьбе своих старых друзей, уехавших из России, которых Берлин хорошо знал: об Артуре Лурье, о Саломее Андрониковой-Гальперн, рассказывала о своей дружбе с Модильяни, вспоминала о гибели Н. Гумилева и О. Мандельштама, читала «Реквием» и фрагменты «Поэмы без героя». Они говорили о Льве Толстом, Чехове и Достоевском, о Пушкине и Мицкевиче, о Блоке и Пастернаке, о красоте трех последних сонат Бетховена. Около трех часов ночи возвратился Лева Гумилев и со свойственной ему страстностью стал рассказывать о своих занятиях хазарами и древними племенами Центральной Азии. Потом он принес из кухни вареную картошку и предложил устроить ужин. Ахматова извинилась за скудость угощения.

«По мере того, как уходила ночь, Ахматова становилась все более и более одушевленной... Она заговорила о своем одиночестве и изоляции как в культурном, так и в личном плане... У нее еще оставались преданные друзья... Однако поддержку она черпала не от них, а из литературы и из образов прошлого: пушкинского Петербурга, "Дон Жуана" Байрона, Моцарта, Мольера, великой панорамы итальянского Возрождения ... Я спросил, представляет ли она себе Возрождение в виде реального исторического прошлого ... или в виде идеализированного образа некоего воображаемого мира. Она ответила, что, конечно, как последнее. Вся поэзия и искусство были для нее — и здесь она употребила выражение, принадлежавшее Мандельштаму, — чем-то вроде тоски по всемирной культуре... внеисторическая реальность, вне которой нет ничего».

В этой записи Берлин назвал очень важное свойство самосознания Ахматовой — воспринимать прошлое так, как будто оно происходило на ее глазах и не было отделено столетиями.

«Снова она говорила о дореволюционном Петербурге, о городе, где она сформировалась, и о долгой черной ночи, которая с тех пор надвинулась на нее. Она говорила без малейшего следа жалости к себе... Никто никогда не рассказывал мне вслух ничего, что могло бы хоть отчасти сравниться с тем, что поведала она о безысходной трагедии ее жизни. До сих пор воспоминание об этом настолько ярко, что вызывает боль», — писал Берлин.

По истечении двух дней Берлин вернулся в Москву, а через месяц с небольшим, когда закончился срок его дипломатической службы, он решил возвращаться в Англию через Хельсинки, чтобы иметь возможность еще раз приехать в Ленинград. Их последняя встреча с Ахматовой состоялась накануне его отъезда — 5 января 1946 года.

Еще в первую встречу она подарила Берлину сборник своих стихов, вышедший в Ташкенте в 1943 году. А на прощание — все остальные свои книги, каждая из которых была подписана ею•. На титульном листе сборника «Из шести книг» стояло: «И. Берлину — в знак уважения и сердечной приязни. 4 января 1945••», а на одной из страниц вписано стихотворение, которое потом войдет в цикл из пяти стихотворений «Cinque» («Пять стихотворений из цикла «Любовь» — назовет их Ахматова в журнальной публикации 1946 года):

> Истлевают звуки в эфире,
> И заря притворилась тьмой.
> В навсегда онемевшем мире
> Два лишь голоса: твой и мой.
> И под ветер незримых Ладог,
> Сквозь почти колокольный звон,
> В легкий блеск перекрестных радуг
> Разговор ночной превращен.

В сборник «Из шести книг» была вложена и ее фотография, сделанная еще в 1910-е годы в Царском Селе. Ахматова всегда придавала особенное значение такого рода подаркам — книгам с ее автографами или фотографиям, подписанным ею. Такие подарки словно закрепляли — отныне и навеки — ее присутствие в жизни тех, кому она их дарила.

Много лет спустя, уже в 1990-е годы, историю встречи с Ахматовой рассказал в своей книге об Исайе Берлине английский журналист Майкл Игнатьев, рассказал явно с голоса Берлина. Мы приводим этот рассказ в переводе

И. Шайтанова, любезно предоставившего нам возможность первой публикации.

«Во время беседы с Ахматовой, длившейся всю ночь, Берлин признался ей, что и он был влюблен. Он не говорил прямо, но подразумевалась Патриция Дуглас (вторая из дам, делавших ему предложение). Ахматова, видимо, в неузнаваемо путаной версии передала что-то из этих реплик, касающихся его любовной жизни, К. И. Чуковскому, чьи воспоминания, опубликованные много лет спустя, представили Берлина Дон-Жуаном, явившимся в Ленинград с целью внести Ахматову в дон-жуанский список своих побед. Пожалуй, сама Ахматова виновата в этом malentendu••• <...> В действительности же они едва коснулись друг друга. Он оставался в одном конце комнаты, она в другом. Будучи совсем не Дон-Жуаном, а неофитом во всем, относящемся к сексу, он оказался в квартире прославленной обольстительницы, пережившей глубокое взаимное чувство с почти десятью ярко одаренными мужчинами. Она сразу же мистически придала их встрече историческое и эротическое значение, в то время как он робко сопротивлялся этому подтексту и держался на безопасно интеллектуальной дистанции. К тому же он оказался и перед более прозаическими проблемами. Прошло уже 6 часов, и ему нужно было пойти в туалет, но это разрушило бы атмосферу. К тому же общий туалет был в глубине темного коридора, так что он не двигался с места и курил одну за другой свои швейцарские сигары. Внимая истории любовной жизни, он сравнил ее с Донной Анной из "Don Giovanni" и рукой, в которой была сигара, — жест, сохраненный в стихах••••, воспроизводил в воздухе моцартовскую мелодию.

Стало совсем светло, и с Фонтанки слышался звук ледяного дождя. Он поднялся, поцеловал ей руку и вернулся в "Асторию", ошеломленный, потрясенный, с чувствами, напряженными до предела. Он взглянул на часы и увидел, что было уже 11 утра. Бренда Трипп (сопровождавшая Берлина сотрудница Британского Совета) ясно помнила, как бросившись на постель, он повторял: "Я влюблен, я влюблен".

Свидетельством тому, как глубоко он был потрясен Ахматовой, служит тот факт, что вместо

ПРИМЕЧАНИЯ

•
Книги, подаренные Ахматовой Исайе Берлину, ныне находятся в собрании Музея Анны Ахматовой в Фонтанном Доме. Леди Берлин передала их музею в 1998 году.

••
Типичная ошибка первых январских дней нового года: следует читать «1946».

•••
Malentendu (франц.) — недоразумение.

••••
«И сигары синий дымок» — строки из стихотворения «Наяву» из цикла «Шиповник цветет», а также из «Поэмы без героя».

записки по поводу советской международной политики, ради которой он и был отправлен в Москву, Берлин провел весь декабрь, сочиняя замечания о литературе и искусстве в РСФСР в последние месяцы 1945 года. За скромным названием скрывалась амбициозная цель: написать ни более ни менее как историю русской культуры XX века, хронику ахматовского поколения, которому выпала тяжелая судьба. Вероятно, это было первое сообщение для Запада об уничтожении Сталиным русской культуры. На каждой странице следы того, что Ахматова, а потом Пастернак и К. Чуковский поведали Берлину о годах преследований».

Недаром переменился в лице В. Н. Орлов после того, как Берлин в Шереметевском саду представил ему сына английского премьер-министра. «Я не знаю, следили ли за мной агенты тайной полиции, — замечал Берлин, — но никакого сомнения не было в том, что они следили за Рандольфом Черчиллем». Результаты слежки очень скоро дали себя знать. В августе 1946 года грянуло знаменитое ждановское постановление, направленное против Ахматовой и Зощенко, а заодно и против двух ленинградских журналов — «Звезды» и «Ленинграда». Поэзия Ахматовой была названа чуждой советскому народу, а ей самой на долгие годы было присвоено клеймо: «полумонахиня — полублудница».

О том, как она узнала о постановлении, Ахматова рассказывала московской студентке Наталье Роскиной, с которой познакомилась летом 1945 года. Н. Роскина вспоминает: «В тот день — 14 августа 1946 года — кто-то позвонил и спросил, как она себя чувствует. Позвонил и еще, и еще кто-то. Не чуя беды и лишь слегка недоумевая, она ровно отвечала всем: все хорошо, благодарю вас, все в порядке, благодарю вас... И выйдя зачем-то на улицу, она прочла, встав на цыпочки, поверх чужих голов, газету с докладом Жданова.

Жизнь для нее остановилась.

Когда я позвонила ей, приехав в Ленинград через десять дней, она ответила, что чувствует себя, спасибо, хорошо, но что повидаться со мною не сможет. Голос ее был мертвым... В свой следующий приезд я была более настойчива, сказала, что очень прошу ее со мной встретиться. Ахматова назначила мне свидание у Русского музея. С ужасным волнением я ждала ее на холодной скамейке в плохую ноябрьскую ленинградскую погоду. Ахматова стала мне говорить, что с нею нельзя встречаться, что все ее отношения контролируются, за ней следят... что общение с нею может иметь для меня самые страшные последствия... я уже поняла, что это говорится по долгу, а не по сердцу. На самом деле она была мне рада, вдруг перестала это скрывать и, взглянув на меня с нежной жалостью, сказала тихо: "Миленький!" Страшный круг обреченности был тогда, и в этом круге был весь этот огромный прекрасный город, и честь наша, и правда... Провожая Анну Андреевну, я взяла с нее слово, что она не будет меня отталкивать. Но когда мы стали прощаться у Фонтанного Дома, на ее лицо вернулась каменная маска, и она едва кивнула мне, проходя в парадное.

Это был не обычный дом, а здание Главсевморпути. У входа сидел вахтер и спрашивал пропуск. Гостям Ахматовой он постоянно делал замечания — почему засиделся или что-то в этом духе. Сама она была обязана предъявлять удостоверение с фотографией. В графе "профессия" было написано — "жилец".

И до конца жизни Ахматова была убеждена, что постановление — карательная мера самого Сталина за ее встречу с Берлиным, за то, что она «осмелилась совершить страшное преступление, состоявшее в частной, не разрешенной властями встрече с иностранцем, — писал Берлин в своих воспоминаниях.

«"Оказывается, наша монахиня принимает визиты от иностранных шпионов", — заметил, как рассказывали, Сталин... Для Сталина все сотрудники иностранных посольств были шпионами.»

Постановление 1946 года означало гражданскую казнь Ахматовой. «Ко мне пришел некто, — вспоминала она, — и предложил 1 мес[яц] не выходить из дома, но подходить к окну, чтобы меня было видно из сада. В саду под моим окном поставили скамейку, и на ней круглосуточно дежурили агенты... Таким образом мне была предоставлена возможность присутствовать не только при собственной гражданской смерти, но даже как бы и при смерти физической...»

Ждановское постановление, связанное с именами двух писателей и судьбой двух ленинградских журналов, было со стороны Сталина мерой устрашения интеллигенции, ощутившей себя слишком свободной после окончания войны. Отношения СССР, Великобритании и Америки (бывших союзников) переходили в эпоху новой, холодной войны. Страну ждали «железный занавес» и «борьба с космополитизмом».

Еще до постановления в комнате Ахматовой было установлено подслушивающее устройство. НКВД завербовало в качестве осведомителей некоторых людей из ее близкого окружения, а у ворот Шереметевского дворца поставили шпиков, чтобы следить за ней. «Два мордатых парня или один парень с мордатой девкой выросли у ворот Шереметевского дома на Фонтанке...— вспоминает Н. Я. Мандельштам, — У этих людей не было лиц, а морды... запомнить которые мы неоднократно пытались, но всегда безуспешно. Нас интересовало... прикрепляют к нам случайных мордатых или постоянных... Мы считали, что "топтунов" следует закреплять за объектами. Мы звали их не топтунами, а Васями... Я рвалась поговорить с каким-нибудь из "Васей", но Ахматова мне не давала. По ее теории надо было делать вид, будто не замечаешь спутника, иначе высокое учреждение обидится и уничтожит нас — мы не смели проникать в его тайны...» Однажды, когда Ахматова и Н. Я. Мандельштам вечером возвращались домой, их долго не пропускали из вестибюля дворца, где была вахта, в сад под видом того, что охрана якобы потеряла ключ от дверей, ведущих в Шереметевский сад. Наконец, ключ был найден, и они вышли из вестибюля в сад. «...На каком-то шагу нам навстречу из окна первого этажа вспыхнул такой

А. А. Ахматова в Фонтанном Доме. 1946 год.
Фото Л. Зиверта

белый и яркий свет, что я невольно закрыла глаза, — пишет Н. Я. Мандельштам. — Мы шли, не останавливаясь, а Ахматова спокойно прокомментировала: "Магний"... Очевидно, оболтусам приказали сфотографировать нас... Исполнители велели продержать нас, но, заболтавшись, не успели подготовиться к съемке... Карточек нам не прислали, а техникой, — по-моему, пользовались допотопной: неужели во второй половине сороковых годов еще надо было снимать с магнием?

В период перед постановлением Ахматова научилась не разговаривать в своей комнате. Подвела та же допотопная техника: не умели аккуратно просверливать дырочки в стенах и в потолках...

ПРИМЕЧАНИЯ

В собрании Музея Анны Ахматовой в Фонтанном Доме есть чудом сохранившийся экземпляр книги «Стихотворения Анны Ахматовой. 1909—1945», под ред. В. Н. Орлова (М.-Л.: Огиз Гослитиздат, 1946. Тираж 10 000 экз.) В. И. Пинчук, подаривший книгу музею в 1989 году, рассказывал, что в 1946 году он работал в Ленинграде начальником отдела МГБ Фрунзенского района, на территории которого была типография Ивана Федорова. Отдел МГБ проверял ее на предмет состояния множительной техники. Обслуживавший типографию оперуполномоченный взял эту книгу в типографии и принес в подарок своему начальнику. На вопрос, как же он рискнул оставить у себя эту книгу, Пинчук заметил: «Во-первых, я как-то считал, что не обязан за этой линией следить... Если и рождались какие-то мысли о том, что чего-то нельзя, то считалось, что я-то власть... мне можно это держать... И потом, сказать откровенно, не очень было убедительно все-таки (я не совсем мальчишкой был), что они что-то натворили.» (Магнитофонная запись беседы с В. И. Пинчуком хранится в Музее Анны Ахматовой).

Просверливали неуклюжие пробоины, причем на пол сыпалась кучка штукатурки. Ахматова берегла эту кучку и показывала всем приходящим».

«После постановления ЦК и исключения из Союза писателей, — пишет Роскина в своих воспоминаниях, — Ахматову лишили продовольственных карточек. Она получала крошечную пенсию, на которую жить было невозможно. Друзья организовали тайный фонд помощи Ахматовой. По тем временам это было истинным героизмом. Анна Андреевна рассказала мне об этом через много лет, грустно добавив: "Они покупали мне апельсины и шоколад, как больной, а я была просто голодная"».

Среди тех, кто постоянно и открыто помогал Ахматовой, была ее давняя подруга — Ольга Федоровна Берггольц. Большой поддержкой служило также заботливое отношение сына и Н. Н. Пунина.

Когда во время последней встречи Берлин попросил Ахматову переписать «Поэму без героя», она ответила, что это не имеет смысла: вот-вот должны были выйти новые издания ее стихов, в том числе и «Поэма без героя».— «Я пошлю вам экземпляр в Оксфорд», — сказала она. В августе 1946-го все три ее книги, которые должны были выйти, были запрещены. Тиражи двух из них, уже отпечатанные в типографии, пошли под нож•.

Через 10 лет, в 1956 году, Исайя Берлин приехал в СССР еще раз,• на этот раз только в Москву, где в то время случайно оказалась и Ахматова. Б. Л. Пастернак сказал ей о его приезде, но она отказалась от встречи: только что выпустили из лагеря Льва Гумилева, арестованного в 1949 году. Встреча с Берлиным могла бы повредить сыну. Еще раз рисковать она не могла и согласилась только на телефонный разговор. Берлин позвонил ей из телефонной будки, чтобы избежать прослушивания. Потом он вспоминал о том, какое длинное молчание последовало в трубке после его сообщения о том, что он женат...

В 1965 году они увиделись в Оксфорде, куда Ахматова была приглашена на почетную церемонию вручения ей звания доктора наук gonoris causa, организованную не без участия Берлина. К этому времени он уже был автором целого ряда работ, принесших ему мировую известность, в том числе «Еж и Лиса» — о взглядах Л. Толстого на историю, эссе «Историческая неизбежность», антологии «Век Просвещения».

В 1957 году за свой вклад в историю философии и культуры Берлин был посвящен в рыцарское звание, удостоен титула «сэр». Он был главой одного из Оксфордских колледжей (1966—1975) и Президентом Британской Академии (1974—1978). Его мнением дорожили Черчилль, Кеннеди, Рузвельт.

Сферой его интеллектуальной деятельности стала не политика и не философия, а история идей. В 1970-е годы на Западе он был признан крупнейшим либеральным мыслителем XX века. Научные занятия Берлина опирались на опыт изучения истории русской культуры. Из 240 написанных им работ 60 посвящены России. Его героями были не только Л. Толстой, но и Белинский, Писарев, Герцен, И. С. Тургенев. «Русские мыслители» — так называется одна из его классических работ.

Конечно, во время встречи в Оксфорде и Ахматова, и сэр Исайя в своих разговорах возвращались к событиям 1946 года, пытаясь разобраться в них по прошествии 20 лет. Ахматовская оценка происшедшего была жесткой

ПРИМЕЧАНИЯ

• После постановления 1946 года Берлин, несомненно, осознавал свою ответственность за судьбу Ахматовой. Когда в 1953 году в журнале «Нью рипаблик» без его согласия появилось довольно вольное изложение истории его встречи с Ахматовой, акцентирующее ее антисоветские настроения, он потребовал от журналиста опровержения этой публикации, опасаясь за безопасность Ахматовой. «Г-жа А. ... имела уже достаточно неприятностей ... Ее положение сейчас, должно быть, еще более рискованно, чем прежде. Ваша история ухудшает дело. И вина, кажется, на нас обоих. Я не отрицаю собственной ответственности, хотя, конечно, не мог и помыслить, что сказанное мною Вам будет предано печати», — писал Берлин автору статьи.

и определенной: она связывала их встречу не только с постановлением 1946 года, но и с началом холодной войны и эпохой «железного занавеса». «Она прибавила, что, по ее мнению, мы, т. е. она и я, нечаянно, самим лишь фактом нашей встречи, положили начало холодной войне и тем самым изменению истории человечества, — вспоминал Берлин. — Она придавала этому абсолютно буквальное значение и... была уверена в этом совершенно непоколебимо. Для Ахматовой она сама и я рисовались в виде персонажей всемирно-исторического масштаба, которым судьба определила положить начало космическому конфликту... Я не мог и подумать, чтобы возразить ей... поскольку она бы восприняла мои возражения как оскорбление сложившемуся у нее трагическому образу самой себя как Кассандры — более того, это был бы удар по историко-метафизическому видению, которым пронизано так много ее стихов. Я промолчал».

В Оксфорде Берлин подарил Ахматовой тетрадь для записей с надписью на титульном листе: «А.А. от первого иностранного визитера в 1945. 15.6.65». В ней Ахматова вела записи до февраля 1966 года. Вторая подаренная Берлиным записная книжка, с его инициалами И. Б., осталась незаполненной.

По возвращении из Англии 31 декабря 1965 года Ахматова записала: «Заснула днем, и во сне пришел ко мне Х.: "Я скажу что-то, но только на вершине горы". И мы пошли. На вершине острой горы он обнял меня и поцеловал. Я смеялась и говорила: "И это все". — "Нет, пусть видят пятый развод", — и я вдруг почувствовала от этих странных слов, что я для него то же, что он для меня. И ... меня разбудили. Это первый мой сон, куда он вошел. (За 20 лет)».

Спустя два десятилетия, летом 1989 года, в интервью сотрудникам Центрального телевидения сэр Исайя Берлин, рассказывая о своей поездке в Ленинград, о встрече с Ахматовой, заключил свой рассказ следующими словами: «Это был самый замечательный момент в моей жизни. Моя встреча с ней... Более замечательного в моей жизни никогда не было... Я был счастлив, я был горд, я был очень глубоко и на всю жизнь тронут». А еще десятилетие спустя при встрече с одним из авторов этой книги в Лондоне 11 июля 1997 года (за 4 месяца до смерти) он говорил с некоторой долей иронии о том, что журналисты и литературоведы создали литературный миф об Ахматовой, а ему назначили роль главного героя... Сэру Исайе было тогда уже 88 лет, и, наверное, ирония давала возможность смягчить то обстоятельство, что он — философ с мировым именем — до сих пор известен в России только как собеседник Ахматовой и Пастернака.

Оксфордский профессор, посланник западной культуры, Исайя Берлин оказался в поэтическом сознании Ахматовой преображенным в образ Гостя из Будущего в «Поэме без героя»:

> Он не лучше других и не хуже,
> Но не веет летейской стужей,
> И в руке его теплота.
> Гость из Будущего! — Неужели
> Он придет ко мне в самом деле,
> Повернув налево с моста?

Постановление 1946 года сказалось не только на судьбе Ахматовой, но и на участи ее сына.

«Меня выгнали теперь уже из аспирантуры, несмотря на то что была написана диссертация и сданы все экзамены, — рассказывал Л. Н. Гумилев. — Вместо того чтобы поставить ее на защиту, мне вручили характеристику, в которой было написано, что я "высокомерен и замкнут, не занимался общественной работой, считая ее пустой тратой времени" ... С такой характеристикой о защите кандидатской диссертации нечего было и думать. Тогда я пошел на 5-ю линию Васильевского острова, поступил на службу в сумасшедший дом, в библиотеку. Проработав там положенное время, я получил нормальную характеристику и подал диссертацию на защиту. После многих проволочек 28 декабря 1948 года состоялся ученый диспут... Из 16 голосов 15 оказалось "за" и 1 "против". Но тогда я не успел получить даже своего кандидатского диплома.» В это время Лев Гумилев работал научным сотрудником в Музее этнографии. В 1949 году его снова арестовали.

«Леву арестовали 6 ноября, когда он зашел домой в обеденный перерыв, — вспоминает И. Н. Пунина. — Обыск закончили скоро. Акума лежала в беспамятстве. Я помогла Леве собрать вещи, достала его полушубок. Он попрощался с мамой, вышел на кухню попрощаться со мной, его увели. Старший из сотрудников, уходя, сказал мне: "Пожалуйста, позаботьтесь об Анне Андреевне, поберегите ее". Я остолбенела от такой заботы.»

После ареста Льва Николаевича Ахматова, опасаясь новых обысков, сожгла весь свой архив. Ее мучила мысль, что она в какой-то степени дала повод для ареста сына.

«Леву очень жестко допрашивали о визите заморского дипломата к его матушке, — пишет Э. Г. Герштейн. — Однажды Лев невольно вспомнил, как следователь, схватив его за волосы, бил головой о крепкую стену Лефортовской тюрьмы, требуя его признания о шпионской деятельности Ахматовой в пользу Англии.»

Никаких конкретных обвинений Льву Николаевичу не предъявляли. Он был взят как «повторник», за «разговоры дома» десятилетней давности — еще в 1935 году.

Одна из знакомых Эммы Герштейн оказалась случайной свидетельницей визита Ахматовой к прокурору Ленинграда. «...Из-за двери кабинета слышались грубые мужские окрики, затем оттуда вышла высокая женщина с гордо откинутой головой, вся ее фигура выражала напряженное страдание». «Кто это?» — невольно спросила знакомая Герштейн. Ей шепнули из очереди: «Это Ахматова. Она пришла сюда из-за сына».

И еще из воспоминаний Э. Г. Герштейн:

«В первый же свой визит к ленинградскому прокурору Анна Андреевна узнала, что Лев отправлен в Москву. Она приезжала сюда раз в месяц, передавала в окошко Лефортовской тюрьмы 200 рублей и получала расписку. Она просила меня запомнить, что эти деньги ей давала М. С. Петровых.

В сентябре 1950 года приговор был вынесен: 10 лет в лагерях строгого режима. Льва Николаевича отправили в Карагандинскую область. Переписка была ограничена. Ежемесячно Анна Андреевна отправляла сыну продовольственные посылки (общий вес не более 8 килограмм вместе с ящиком), которые собирала и увозила куда-то за город на почту NN — сослуживица Льва Николаевича по этнографическому музею».

Л. Н. Гумилев. 1934 год

Пытаясь спасти сына, Ахматова написала стихи, посвященные Сталину. Стихи были напечатаны в «Огоньке» в начале 1950 года.

После публикации цикла «Слава миру», куда вошли стихи о Сталине, Ахматовой дали возможность зарабатывать переводами. Эмма Григорьевна Герштейн писала: «...Она отреклась от нравственной чистоты своей поэзии ради спасения сына... Жертва Ахматовой оказалась напрасной... Леву... не выпустили, а надломленной Ахматовой предоставили право говорить с кем попало непроницаемым тоном и переводить на русский язык стихи своих иноязычных подражательниц. Если кто-нибудь думает, что это не пытка, он ничего не знает о радостях и страданиях творческой личности».

В 1950 году Ахматову вновь приняли в Союз писателей. В очерке о своем друге, поэте и переводчике М. Л. Лозинском, она вспоминала о сопутствующих этому обстоятельствах, рассказывая о гражданском мужестве Михаила Леонидовича:

«Когда на собрании (1950) Правления при восстановлении меня в Союзе ему было поручено сказать речь, все вздрогнули, когда он припомнил слова Ломоносова, что скорее можно отставить Академию от него, чем наоборот. А про мои стихи сказал, что они будут жить столько же, как язык, на котором они написаны.

Я с ужасом смотрела на потупленные глаза "великих писателей Земли Русской", когда звучала эта речь. Время было серьезное...»

Пережитые испытания и унижения дали себя знать: в конце мая 1951 года у Ахматовой случился первый обширный инфаркт.

Ждановское постановление 1946, а также последующие постановления ЦК ВКП(б) не прошли бесследно и для Н. Н. Пунина.

Работы Пунина перестали печатать еще раньше — в 1930-е годы. Лишь в 1940 году ему удалось издать вместе с сотрудниками возглавляемой им кафедры в Академии художеств учебник «История западно-европейского искусства (III—XX вв.)». В этом учебнике, лишенном какой бы то ни было спекуляции на методологии соцреализма, ни разу не упоминалось имя Сталина; он был уникальным для того времени пособием, раскрывавшим подлинный смысл искусства.

Не имея возможности издавать свои работы, Пунин, тем не менее, много писал и занимался преподавательской деятельностью. Послевоенное время было для Пунина временем надежд и творческой активности. До сих пор его студенты вспоминают о пророке, открывшем им глаза на искусство. В этом своем качестве Пунин сороковых годов был похож на Пунина двадцатых.

«В те годы, конечно, была борьба против рутины, тоталитаризма в искусстве, — вспоминал ученик Пунина Ф. Ф. Мельников. — Пунин всегда поднимал знамя свободы в искусстве, шел напролом безо всяких страхов. Сильный, уверенный в своей правоте, он обладал уникальным умением убеждать. <...> После войны молодая солдатня в шинелях как один слушала его, сидя на полу, яблоку негде было упасть. Собирались с математического, физического, биологического, экономического — со всех факультетов университета ... И он дирижировал такой огромной толпой. И чем больше было людей, тем больше у него какого-то зажигания ... Как он читал Рембрандта! Микеланджело! Леонардо! Профессура приходила со стороны, слушала его. Он умел импровизировать, находить слово, точное абсолютно ...

Николай Пунин защищал всех, в ком видел хоть крупицу таланта»••.

Но с 1946 года началась его травля в печати. Зимой 1947 года он был вынужден уйти из Академии художеств, а зимой 1948 был уволен из университета. Предварительно, как водится, проходили общие факультетские собрания. «В маленькой аудитории рядом с библиотекой собрался университетский актив, партийный босс какой-то, несколько студентов, — рассказывал очевидец Ф. Ф. Мельников. — Начали выступать. Все тут же, при Николае Николаевиче Пунине. Все это было, конечно, придумано. И не столько НКВД, сколько его идейными противниками, которых он громил в "пунических войнах". На него писали доносы. Не обошлось тут, видимо, и без Серова Владимира Александровича•••. У Пунина было крылатое выражение: "Разве это живопись? Это — голенище!" Это он о Серове так говорил, о картине "Ленин в Смольном"».

Студенты Пунина пытались защитить своего учителя, а после его увольнения приходили к нему домой с цветами и подарками. За то, что они

ПРИМЕЧАНИЯ

•
Во второй половине 1940-х годов вышел целый ряд постановлений ЦК ВКП(б), направленных на борьбу с «низкопоклонством перед западом», с «либерализмом», «формализмом», «космополитизмом» в советской культуре.

••
Магнитофонные записи с воспоминаниями учеников Н. Н. Пунина хранятся в Музее Анны Ахматовой в Фонтанном Доме.

•••
В. А. Серов — в то время руководитель Ленинградского Союза художников.

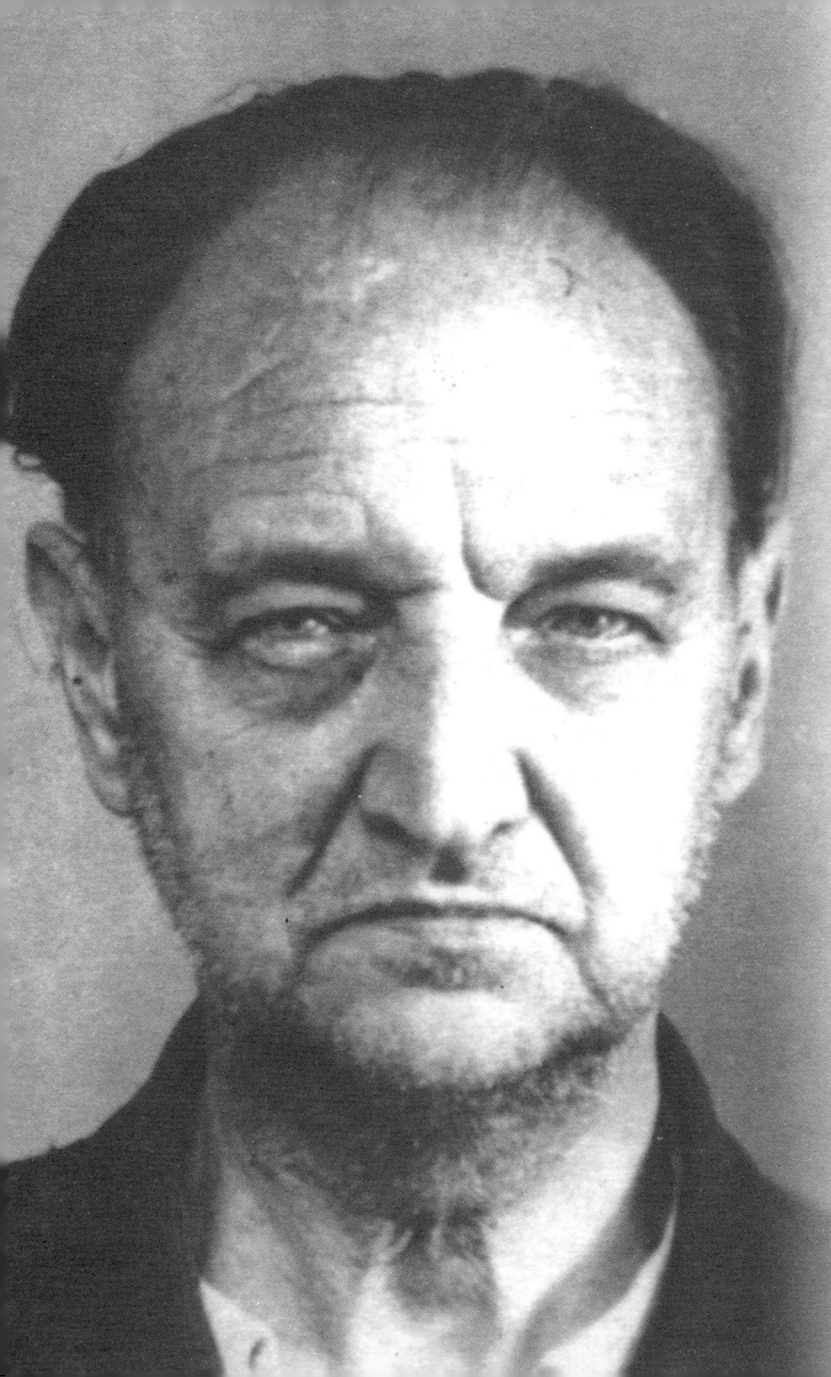

не захотели его осудить, некоторые из них были отчислены из университета, другие лишены аспирантуры.

Как-то едва знакомая женщина пришла к нему предупредить, что ему нужно срочно уехать из Ленинграда. «Я не заяц, чтобы бегать по России», — ответил он.

Николай Пунин был арестован 26 августа 1949 года. Так случилось, что во время его ареста в доме была только Ахматова. Она навсегда запомнила его слова: «Главное, не теряйте отчаяния» — и взяла их эпиграфом к одному из своих стихотворений. Датой ареста Пунина — 26 августа 1949 года — она пометила «Колыбельную»:

> Я над этой колыбелью
> Наклонилась черной елью.
> Бай, бай, бай, бай!
> Ай, ай, ай, ай...
> Я не вижу сокола
> Ни вдали, ни около.
> Бай, бай, бай, бай!
> Ай, ай, ай, ай...

Пунин был приговорен к десяти годам лагерей и отбывал срок на Севере, в поселке Абезь, в лагере для тех, кто по старости или инвалидности был непригоден для работы в шахтах. Здесь находились, в основном, осужденные по политическим статьям.

Н. Н. Пунин. Тюремная фотография. 1949 год

Большую поддержку Пунин получал из дома: это были письма от дочери, внучки, М. А. Голубевой и регулярные посылки, которые позволяли Пунину расплачиваться продуктами за отдельный угол в общем бараке, лишнее одеяло и добиваться льгот для тех товарищей по заключению, которых он считал необходимым поддержать.

Когда-то, еще в 1918 году, Пунин и Полетаев писали в своей книге «Против цивилизации», конструируя путь к будущему, к созданию нового общества: «Отдельные индивиды могут, конечно, пострадать или погибнуть, но это необходимо и гуманно и даже спорить об этом — жалкая маниловщина, когда дело идет о благе народа и расы и, в конечном счете, человечества». История показала, что этих «отдельных индивидов» оказалось 20 миллионов, среди них — Пунин, Полетаев[•] и почти все, с кем они начинали создавать «новый мир».

Искусствовед С. Михайловский пишет: «Умер от рака затравленный Казимир Малевич, побывавший в тридцатом немецким шпионом (в тюрьме следователь спрашивал его: "О каком сезанизме вы говорите? О каком кубизме проповедуете?"), но чудом сохранившийся до тридцать пятого. Не дожил до очередной посадки. Неизбежность смерти была очевидна, и в знак своего неотречения он спроектировал супрематический гроб, в котором и был похоронен». Ушел, по определению Пунина, "ересиарх супрематической веры"».

Пунин тоже не отрекся от своих взглядов на искусство. Его солагерник, филолог Ю. К. Герасимов вспоминает, что Пунин сближал кубистическое изображение предмета с разных сторон и в разных разрезах с «ангельским видением» предмета: «Ангел видит предмет сразу отовсюду, и даже изнутри. <...> Конечно, ангел видит по-другому, более совершенно, идеально видит, но эта попытка приблизиться к ангельскому совершенству, то, что является вообще целью искусства, это возрастание человека над самим собой, это... тот духовный прогресс человека, к которому настоящее искусство призывает и которое этому способствует»[••].

Среди «отдельных индивидов», обреченных на гибель в Абезьском лагере, был семидесятилетний религиозный философ Лев Платонович Карсавин, который уже почти не вставал с койки, но продолжал работать над своей философской системой, заключая ее в форму терцин и венков сонетов.

ПРИМЕЧАНИЯ

[•] Е. А. Полетаев погиб в лагере в 1937 году.

[••] Магнитофонная запись с воспоминаниями Ю. К. Герасимова о Н. Н. Пунине хранится в Музее Анны Ахматовой в Фонтанном Доме.

Пунин очень высоко ценил беседы с Карсавиным. Анатолий Ванеев вспоминает: «Как-то он сказал Карсавину:

— Изрядно мы нагрешили, раз нам дается столь длительное время для покаяния.

Под длительностью времени он имел в виду, наверное, назначенный приговором срок заключения, который у каждого из нас был не менее десяти лет.

— Покаяние — дело душеполезное, — сказал Карсавин, — но еще важнее переосмысление.

Пунин моргнул переносьем, удивленно помолчал и спросил:

— Это вы сами изобрели?

— Нет, не сам, — сказал Карсавин».

Те, кто был в эти годы рядом с Пуниным, навсегда запомнили разговоры с ним. Искусствовед В. В. Василенко вспоминает: «Однажды Николай Николаевич спросил: "А знаете, чем различаются Владимирская Божья Матерь и Сикстинская Мадонна?" Я немного смутился, понимая, что на такие вопросы должен отвечать тот, кто спрашивает. Он сказал: "Так вот, милостивый государь (он так обращался ко мне, младшему, и эти слова очень странно звучали, наверное, в бараке, где слышались крики, бормотанье какое-то, мат...), — разница в том, что когда Сикстинская Мадонна смотрит на вас, то она вас видит таким, каким я вас вижу — в вашем бушлате, с вашими голубыми глазами, видит физически, а Владимирская Божья Матерь не видит вас совсем такого, как вы есть... она видит только душу без вашей плоти, сущность, а не физическую оболочку"».

Это был, в сущности, все тот же разговор об искусстве, о проникновении видения художника за грань видимого.

Николай Пунин мечтал дожить до смерти Сталина — и дожил. Но до реабилитации Пунину дожить не пришлось. Он умер от сердечного приступа 21 августа 1953 года.

«Похоронили его в Абези, как всех, — рассказывает В. В. Василенко. — Нас хоронили без ящиков, в одной рубашке, на которой был номер, клали прямо в землю, в яму, выдолбленную в вечной мерзлоте. Так что, когда настанет последний день и труба воззовет на Страшный Суд, ни Николаю Николаевичу Пунину, ни Льву Платоновичу Карсавину не надо будет собирать свою плоть».

Памяти Пунина Ахматова посвятила стихи, вошедшие в цикл «Венок мертвым»:

> И сердце то уже не отзовется
> На голос мой, ликуя и скорбя.
> Все кончено... И песнь моя несется
> В пустую ночь, где больше нет тебя.

ПРИМЕЧАНИЯ

•
Этот дуб стоял еще совсем недавно. Он был сломан ураганным ветром во время наводнения в ночь с 29 на 30 ноября 1999 года

Николаю Николаевичу Пунину не суждено было вернуться в Фонтанный Дом. Впрочем, еще за год до его смерти квартира в служебном флигеле перестала существовать: руководство Института Арктики и Антарктики потребовало выселения всех жильцов. Ахматова и Пунины должны были спешно выехать из квартиры, что для Анны Андреевны было очень сложно. Когда Ирина Пунина попросила отодвинуть сроки переезда, ей ответили: «А вы старушку бросьте, а сами переезжайте». В марте—апреле 1952 года они перебрались в квартиру на улице Красной Конницы.

> Особенных претензий не имею
> Я к этому сиятельному дому,
> Но так случилось, что почти всю жизнь
> Я прожила под знаменитой кровлей
> Фонтанного дворца... Я нищей
> В него вошла и нищей выхожу...

Не будь здесь упоминания Фонтанного дворца, этот текст можно было принять за перевод из шекспировских трагедий: так мог бы прощаться со своим дворцом изгнанный король Лир.

С собой она уносила «Поэму без героя», вобравшую в себя историю Фонтанного Дома.

Фонтанный Дом и Шереметевский сад были для нее участниками жизни людей в течение нескольких столетий.

Под старым дубом возле манежа писал когда-то свои воспоминания о Пушкине князь П. П. Вяземский, в детстве любил играть граф С. Д. Шереметев, а в 1920-е годы фотографировались Ахматова с Пуниным. Пережил он и Великую Отечественную войну: рядом с ним были вырыты щели, в которых прятались от бомб жильцы Фонтанного Дома•. А прямо перед окном комнаты Ахматовой рос клен, о котором она говорила:

> Где свидетель всего на свете,
> На закате и на рассвете
> Смотрит в комнату старый клен
> И, предвидя нашу разлуку,
> Мне иссохшую черную руку,
> Как за помощью, тянет он.

«Поэма без героя» — «это огромная траурная, мрачная, как туча — симфония о судьбе поколения и лучших его представителей, т. е. вернее обо всем, что нас постигло, — писала Ахматова. — А постигло нас разное: Стравинский, Шаляпин, Павлова — слава, Нижинский — безумие, Маяков[ский], Есен[ин], Цвет[аева] — самоубийство, Мейерхольд, Гумилев, Пильняк — казнь, Зощенко и Мандельштам — смерть от голода на почве безумия».

«Поэма без героя» — это рассказ о Ленинграде эпохи репрессий и блокады. Ахматова посвятила эту поэму «памяти ее первых слушателей» — «друзей и сограждан, погибших в Ленинграде во время осады».

> Разлучение наше мнимо:
> Я с тобою неразлучима,
> Тень моя на стенах твоих,

— обращалась она во время войны к своему Городу, но в равной мере это относилось и к Фонтанному Дому. Названная «жильцом», многие годы ощущая себя «беззаконницей», она стала *наследницей* его истории.

Зеркала Белого зала, Шереметевский сад сохраняли присутствие многих слоев петербургской истории. Сам Фонтанный Дом был для Ахматовой хранилищем вселенской памяти.

Девиз шереметевского герба «Deus conservat omnia» — «Бог хранит все», взятый эпиграфом к «Поэме без героя», стал и девизом ее собственной жизни. Она исполнила свое предназначение: хранить память как нравственное чувство, позволяющее человеку осознать свою связь с историей.

Анна Андреевна Ахматова умерла 5 марта 1966 года в подмосковном санатории

в Домодедове. Тело ее перевезли в морг Института Склифосовского — бывший Странноприимный дом Шереметевых, над входом в который тоже начертано: «Deus conservat omnia».

В Ленинграде гражданская панихида состоялась в Доме писателей — еще одном бывшем шереметевском дворце. А когда после панихиды процессия двинулась из Дома писателей в Комарово, выбрали дорогу по Фонтанке.

У Фонтанного Дома траурная процессия остановилась — и Анна Ахматова попрощалась с ним в последний раз.

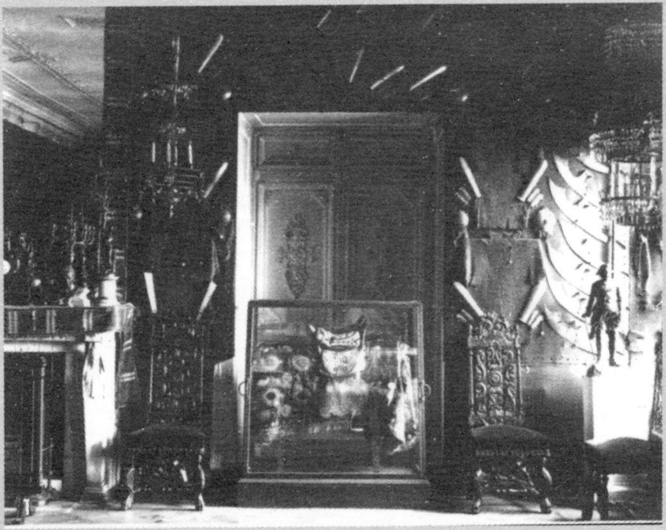

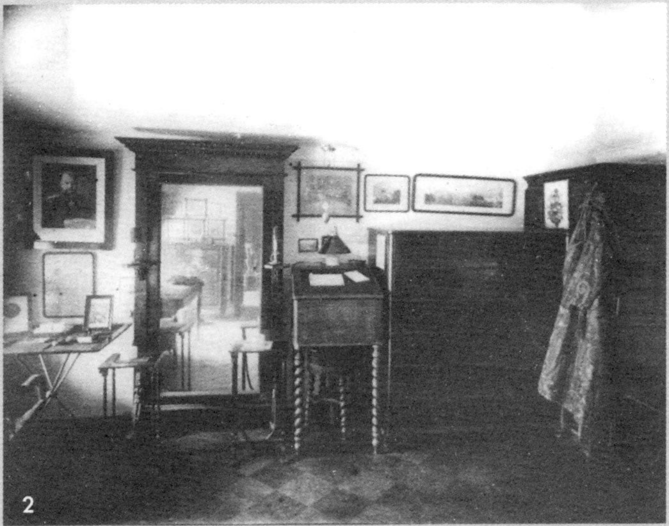

2

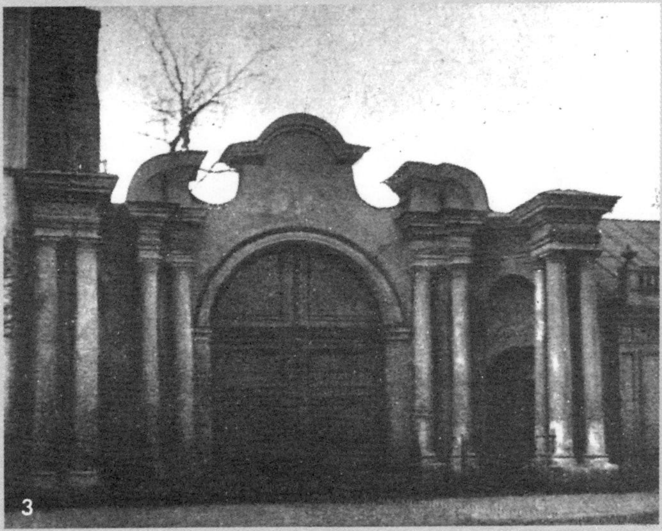

3

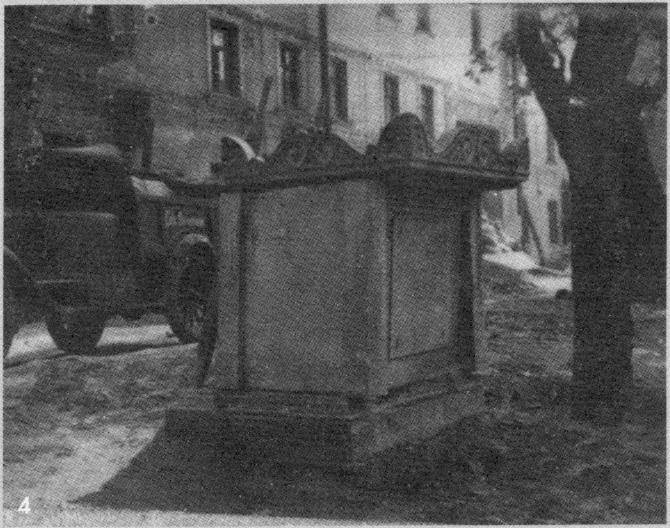

4

1. Оружейный кабинет в Фонтанном Доме. Седло фельдмаршала графа Б. П. Шереметева. Фото 1920-х годов. Архив Русского отдела Государственного Эрмитажа

2. Кабинет графа С. Д. Шереметева в Фонтанном Доме. Фото 1920-х годов. Архив Русского отдела Государственного Эрмитажа

3. Литейные ворота Фонтанного Дома. Фото начала XX века

4. Шереметевский сад. Памятник Прасковье Жемчуговой. Фото начала 1930-х годов

5. Северный садовый флигель Фонтанного Дома. Современное фото

6. Николай Пунин и Ира Пунина в Шереметевском саду. 1924 год

7. В столовой квартиры Н.Н. Пунина. Слева направо: А. Е. Аренс, А. А. Ахматова, Н. К. Миронич, Н. Н. Пунин, З. Е. Пунина, неизвестный. 1925 год. Фото Н. Н. Пунина

1. Пропуск Анны Ахматовой для входа в Фонтанный Дом. 1940-е годы

2. Памятник И. В. Сталину в Шереметевском саду. 1949 год. Архив КГИОПа

3. Анна Ахматова и Николай Пунин у дуба возле манежа в Шереметевском саду. Середина 1920-х годов. Фото П. Лукницкого

Приложение

« Под кровлей
Фонтанного Дома…»

Ирина Николаевна Пунина

Запись выступления на вечере
в Музее Анны Ахматовой
(октябрь 1994 года)

Анна Ахматова и Ира Пунина в Фонтанном Доме.
1920-е годы. Фото П. Лукницкого

В основе этого текста лежит мое устное выступление на вечере в октябре 1994 года. Мой рассказ не был построен по какому-то плану. Меня попросили рассказать о нашей квартире на Фонтанке, о комнатах, какими они были в двадцатые годы, но, рассказывая об этом, я, конечно, вспоминала и как мы там жили, о моих родителях, о людях, которые часто бывали у нас, и об Анне Андреевне, какой я помню ее в то, раннее время. Я не придерживалась хронологии, а говорила о людях и обстоятельствах, так или иначе связанных с моей жизнью, с жизнью Фонтанного Дома.

Некоторые фрагменты рассказа являются ответами на вопросы, которые мне задавали во время моего выступления или до него.

Фонтанный Дом был усадьбой Шереметевых. Фельдмаршал Борис Петрович получил эти земли в подарок от Петра I за военные заслуги, но место это он не любил. Его сын Петр женился на Варваре Черкасской, единственной наследнице канцлера, благодаря чему слились капиталы двух и так неслыханно богатых семей. Фонтанный Дом строил именно Петр Борисович, уделявший много внимания благоустройству своих имений. Дом стали называть Фонтанным по расположению его на берегу Фонтанки и в отличие от «Мильонного» дома, полученного Шереметевыми в приданом Варвары Алексеевны и расположенного, как это видно из названия, на Миллионной улице.

Шереметевы много строили в своих усадьбах. Они умели выбирать одаренных и способных людей среди своих крепостных, которых обучали музыке и театральному делу, архитектуре и живописи, ремеслам и ведению хозяйства и многому другому. Имена талантливых крепостных Шереметевых можно перечислять без конца. Это замечательные композиторы Степан Дегтярев и Гавриил Ломакин, десятилетним мальчиком замеченный Шереметевым; живописцы Иван Аргунов, оставивший нам галерею семейных портретов, и Николай Аргунов, создавший удивительные портреты графини Прасковьи Шереметевой-Жемчуговой; Федор Аргунов, чье имя связано со строительством Фонтанного дворца, грота, Литейных ворот и с планировкой сада.

Шереметевы использовали своих крепостных архитекторов, скульпторов, садовников, рабочих для строительства и благоустройства Фонтанного сада и дворца. Сад был несколько обширнее, чем сейчас, парадный подъезд был со стороны Литейного. В работах принимали участие лучшие архитекторы нашего города — П. Еропкин, С. Чевакинский, И. Старов, А. Воронихин, Д. Кваренги, Н. Бенуа. Я напоминаю об этом потому, что участие Кваренги нашло отражение в стихах Анны Андреевны. Она была убеждена, что тот Белый зал, в котором происходит действие «Поэмы без героя» и который находится на втором этаже флигеля, создан Кваренги, но это не больше чем легенда. На самом деле Джакомо Кваренги на этом месте проектировал парадную галерею для свадебных торжеств Параши Жемчуговой, которая была блистательной находкой и подарком русской культуре от шереметевских крепостных. Из-за смерти Прасковьи Ивановны галерея не была достроена, а Белый зал, к счастью, сохранившийся до наших дней, был построен Корсини в середине девятнадцатого столетия. Напротив окон нашей квартиры, в саду, находится портик шереметевского манежа, построенный Кваренги (теперь он относится к театру). На его фоне Анна Андреевна любила фотографироваться. Сохранились два снимка, сделанные здесь Пуниным летом 1925 года: знаменитая фотография «Сфинкс», другая — на ступеньках у портика, и еще одна фотография: Анна Андреевна и Николай Николаевич, тоже на фоне портика,— сделанная Павлом Лукницким.

Имена архитекторов говорят о той роли, которую играл Фонтанный Дом в культурной жизни Петербурга. Анна Андреевна об этом знала, когда сюда переезжала. В одном из ранних писем к Анне Андреевне Николай Николаевич Пунин писал: «Почувствовал, как, действительно, тебе должно быть важно жить в районе Фонтанки, на Фонтанке, где много Петербурга; не важен свет и еда — а Петербург». И это ощущение:

много Фонтанки, Фонтанный Дом, полный шереметевских легенд и семейных преданий — здесь была петербургская таинственная стихия, в которую Анна Андреевна окунулась и которой питалась ее поэзия. Прожила она здесь достаточно долго. Когда она сюда переехала — очень трудно сказать, потому что Анна Андреевна всегда жила одновременно в нескольких местах. Как-то я попыталась спросить ее, когда она поселилась здесь. Она говорила: «постепенно» — вот такая ее классическая формулировка. Так, очевидно, оно и происходило.

Была она в первый раз здесь 19 октября 1922 года. Это отмечено у Николая Николаевича в дневнике. Тогда она была в гостях в нашей только что полученной квартире. Квартира наша — те 4 комнаты, которые расположены в конце экспозиции; сейчас в квартиру мы попадаем с другого конца. В ту пору, когда Николай Николаевич ее получил (в августе 1922 года), она была относительно благоустроенной. Начинался НЭП, и появилось какое-то ощущение стабильности и настоящего быта — оно чувствовалось и в нашей квартире, и во всем городе. Надо сказать, что, хотя НЭП был сравнительно благополучным периодом, но наша семья всегда жила более чем скромно. Николай Николаевич служил в Русском музее. Жалованье музейного работника было небольшим. Анна Евгеньевна набирала все больше и больше работы, чтобы как-то восполнить недостаток средств. Сама Анна Андреевна получала нерегулярно довольно случайные деньги, ни комнаты, ни квартиры у нее не было, брак с В. К. Шилейко после трех лет перешел в дружеские отношения. Положение ее, конечно, было отнюдь не стабильным. Так что, попав в Фонтанный Дом, к нам в семью, она обрела какой-то относительный покой, какую-то защиту от бытовых проблем.

Теперь о каждой комнате. Поднявшись по средней лестнице, рядом с Белым залом, мы входили в прихожую с окном в сад, там были большой сундук, деревянная вешалка, телефон — в общем, обычная петербургская обстановка. Сразу за прихожей была столовая. Это та комната, где теперь представлена «Поэма без героя». Два окна в сад, которые сейчас, к сожалению, закрыты. На полу лежал еще шереметевский ковер, у восточной стены стоял наш буфет из Царскосельского Адмиралтейства, рояль — справа от входа, почти посредине спускался темно-красный абажур над обеденным столом, тоже из Адмиралтейства, все двери (двустворчатые): из прихожей, в кухню и в следующую комнату — были открыты. Столовая была центром, где собирались друзья, родственники и устраивались праздники. Впервые Анна Андреевна осталась у нас летом 1923 года, когда моя мама со своим братом уехала в Липецк и какое-то время думала вообще не возвращаться.

В начале тридцатых годов в бывшей столовой поселилась семья Смирновых, и квартира наша стала коммунальной. После войны эта комната какое-то время стояла опечатанной, так как во время блокады в ней жил и умер сотрудник Арктического института. В 1944 году, после того как удалось ее отхлопотать, Анна Андреевна перебралась в нее из детской. И прожила в ней до нашего переезда в 1952 году на ул. Красной Конницы. А весной 1945 года, после того как привели ее в порядок, Анна Андреевна охотно уступила бывшую детскую вернувшимся из эвакуации Зое Евгеньевне и Марине Александровне Пуниным, т. к. их квартира была занята. Александр Николаевич Пунин умер в стационаре 8 февраля 1942.

Дальше была моя детская, с одним окном, сейчас мемориальная комната Анны Андреевны. В ней стояли детская мебель и кровать бабушки Елизаветы Антоновны Пуниной; в 1931 году в этой комнате скончался Евгений Иванович Аренс, мой дед по материнской линии. Анна Андреевна жила в этой комнате с октября 1938 года до сентября 1941 и с августа 1944 до весны 1945. Когда поздней осенью из Берлина вернулся Лева, он поселился в этой комнате. После его ареста, 6 ноября 1949 года, Анна Андреевна страдала бессонницей и, чтобы не чувствовать пустоты комнаты, взяла Аню к себе поближе, поселила ее в этой комнате, в моей бывшей детской; до этого Аня жила в конце коридора на сундуке, там было очень уютно, единственное южное окно освещало и грело небольшое пространство. Перегородка в коридоре была перенесена ближе к нам и мы вновь, после судебной борьбы с Арктическим институтом, оказались в отдельной, но уже трехкомнатной квартире. А папин кабинет отошел в соседнюю квартиру и в нем поселили сотрудника НКВД с семьей. По замыслу начальства эта семья должна была жить в розовой комнате и устроить нам с Акумой коммунальный ад, но, к счастью, мне удалось выиграть суд. После ареста Николая Николаевича мы жили в квартире вчетвером: Анна Андреевна, я, Аня и Роман Альбертович Рубинштейн, за которого я вышла замуж в апреле 1949 года.

Следующая после детской — большая комната, которая из-за цвета стен называлась Розовой. В 1922 году это был кабинет Николая Николаевича с камином, именно сюда впервые пришла Анна Андреевна.

Позже кабинетом стала самая последняя комната в нашей квартире.

Анна Ахматова в саду Фонтанного Дома. 1924 год. Фото Н. Н. Пунина

Большую часть лет Анна Андреевна прожила в кабинете. В некоторых письмах Николай Николаевич даже пишет: «...входил в твою комнату», считая кабинет ее своеобразным царством. И здесь, конечно, я помню Анну Андреевну с самых ранних лет, когда она со мной много играла и занималась, в том числе и французским языком.

У Анны Андреевны был французский словарь Макарова, который она очень любила и который в довоенное время почти всегда лежал у нее под подушкой. И она иногда, читая со мной, говорила: «Надо это проверить у Макарыча». Она так его ласково называла. Если он как-то отдалялся от нее хоть на полметра, она тут же говорила: «А где мой Макарыч?» И начинались судорожные поиски. Большей частью он и оказывался опять под подушкой. Ну, в крайнем случае, на ночном столике. Она редко прибегала к словарю, но все равно любила, чтобы он был постоянно у нее под рукой. Она много читала по-французски, иногда делала переводы для Николая Николаевича, для его подготовки к лекциям. Мне кажется, что, рассказывая Лукницкому о своих переводах для Николая Николаевича, она очень преувеличивает свой труд, потому что читала она эти тексты легко. Впрочем, и сам Николай Николаевич довольно хорошо владел французским языком и с детства знал немецкий, на котором свободно говорили его родители. В гимназии в то время преподавали по-настоящему языки.

Квартира тогда была благоустроенной и теплой, потому что еще действовало амосовское отопление. Внизу топили огромную топку метровыми дровами, и теплый воздух по специальным каналам поступал в комнаты. На нашей лестнице, на той, по которой мы теперь не ходим, была постелена ковровая дорожка, прижатая медными прутьями. Все это выглядело уютно. Входные двери нашей квартиры никогда не запирались, сад, в котором я провела все свое детство, был закрытым. У глав-

Ира Пунина с собакой Тапом в саду Фонтанного Дома. 1925 год. Фото Н. Н. Пунина

ного входа музея была охрана. Вскоре после появления Анны Андреевны у нас здесь поселился сенбернар — Тап, потому что Шилейко, его хозяин, проводил много времени в Москве. Сохранились фотографии мои с ним в саду, сделанные папой.

Музей тогда занимал основную часть дворца. В музее жила семья Станюковичей. Сам Владимир Константинович Станюкович был хранителем музея и одновременно научным сотрудником Русского музея и музея Шереметевых — Музея быта. Названия менялись тут многократно. Станюкович был человеком высокой культуры, он знал музейное дело и хорошо знал все то, что хранил. В отличие от очень многих особняков Петербурга, Фонтанный дворец Шереметевых в двадцатые годы не подвергался хаотичному разграблению, растаскиванию экспонатов. Управляющий и старший сын Сергея Дмитриевича Шереметева по описям в журналах передали все коллективу музея. Участие в этом принимал еще и Владислав Михайлович Глинка, известный впоследствии эрмитажный сотрудник и специалист по старому Петербургу. Так что в музее до начала тридцатых годов сохранялись коллекции и имущество Шереметевых в большом порядке. Для Анны Андреевны это было каким-то своеобразным лицом Петербурга. В 20—30-е годы, когда ее печатали довольно мало, она занялась историей архитектуры города и пушкинским наследием. Занималась изучением Петербурга и того, что было связано с этим домом, вот здесь, глядя из окна этих комнат на шереметевские липы. У нас не было ни одного окна, которое бы не выходило в сад. И нельзя было ни дня прожить, чтобы не посмотреть, что делается в саду. Снег ли там, идет ли дождь, черные сучья или зелень, цветет сирень или цветут яблони, — это была непрерывная жизнь в природе. И, конечно, это очень много значило для Анны Андреевны.

Я начала говорить о том, с какого времени я вспоминаю Анну Андреевну, — столько, сколько я помню себя. Когда я подросла, Анна Андреевна стала заниматься со мной; это происходило в кабинете, когда все уходили на службу. Анна Андреевна не любила рано вставать. Обычно она проводила первую половину дня (или, может быть, даже несколько больше) лежа в постели на диване и с удовольствием звала меня к себе. Мы с ней вместе читали, играли. Она давала мне какие-то поручения: кому-то позвонить, кого-то пригласить. Это была и семья Щеголевых, у которых Анна Андреевна часто бывала. И Замятины, которые в 20-е годы еще жили здесь рядом, неподалеку от нас. Особенно близкими были ей Гуковские: Григорий Александрович со своей женой Натальей Рыковой, которой посвящено стихотворение Ахматовой «Все расхищено...»; они часто приходили сюда. И Юлиан Григорьевич Оксман, пушкинист, и Д. Е. Максимов. Всех перечислить, конечно, невозможно. Я потом еще несколько слов скажу о Гуковском. Это был, действительно, человек особенный и Анной Андреевной как-то очень ценимый.

Анна Андреевна, как я уже сказала, любила проводить большую часть утреннего времени или первой половины дня обычно не выходя никуда за пределы комнаты. Но потом, когда возникало какое-то интересное предложение: звали ли ее на вечер в Пушкинский Дом или в Союз поэтов (так тогда назывался Союз писателей) — она довольно быстро вставала. У нее была энергия и быстрота сборов. Даже в поздние годы она говорила, что ей нужно «восемь солдатских минут», чтобы быть готовой к выходу.

Она умывалась, никогда не выходя, конечно, к кухонному крану, а теплой водой в комнате. И затем, одевшись, либо уезжала к Щеголевым, либо Замятин приходил за ней, и они куда-то уходили. Этот круг ее знакомых очень был широк, вплоть до Алексея Толстого, к которому она ездила иногда в Царское Село, где она одно время жила в санатории. Иногда в сопровождении Николая Николаевича, иногда в сопровождении кого-то из пришедших за ней писателей она уходила на эти, вероятно, еще очень интересные, очень насыщенные вечера. П. Лукницкий, бывший агентом ОГПУ•, сообщает об одном из таких собраний в своем донесении: «10 июня собрались у Алексея Толстого на чествование артистов МХАТ. Съезд назначили на 12 ночи. Были: Москвин, Качалов, Книппер, еще двое — трое менее известных актеров, а также: Замятин, Федин, Никитин, Ахматова. Обильный ужин, много вина <...> Ушли около девяти утра. Федин провожал Ахматову до дому. В ходе вечеринки Замятин сказал между прочим, что не видит достоинства в стихах Ахматовой, игнорирует ее как поэта. Аня же сказала, что любит Замятина за честность, прямоту, смелость, чувство собственного достоинства. Ее сын получает по 10—20 руб. в 1,5—2 месяца, живет у матери Гумилева в Бежецке Тверской губернии») Конечно, я в то время вникать в это особенно не могла, я была слишком для этого мала. Я только знала имена многих.

Вот теперь хочу рассказать о Григории Александровиче Гуковском. Матвея Александровича, его брата, тогда я знала меньше, я с ним стала больше общаться уже в послевоенное время. А Григорий Александрович и совершенно восхитительная его жена Наталья Рыкова приходили к нам (я была влюблена в нее так, что все куклы мои назывались «Наталья Рыкова») — и, естественно, вели разговоры о литературе, об изданиях того времени, в которые я не вникала, но присутствовала, сидя на полу на ковре в кабинете, и наслаждалась их обществом и их оживленной беседой. Приезжали москвичи. Приезжали Мандельштамы, которые иногда даже у нас и останавливались. С шумом врывался Борис Пильняк, проезжая то из Соединенных Штатов в Москву, то из Москвы в Соединенные Штаты. Раз он приплыл как-то на пароходе в Ленинград со своим новым автомобилем, на котором в упоении катал и меня, и Анну Андреевну. И это было, конечно, незабываемое впечатление.

У меня сохранилось письмо Пильняка ко мне, написанное на японской бумаге, с его печатью, стилизованной под китайский иероглиф. В ту пору среди нас, детей, Анна Андреевна называлась еще «тетя Ваня». Слово «Акума», хотя и было придумано Владимиром Казимировичем Шилейко задолго до этого, но тогда не вошло еще в обиход. Оно привилось уже гораздо позже, в 30-е годы, а в послевоенное время уже другого домашнего имени у Анны Андреевны не было, только Акума. А в 1920-е годы мы ее называли «тетя Ваня». И Пильняк мне писал: «Когда я снова приеду, будем делать Ванины именины». Пильняк с восторгом ездил по городу. Набережные Невы, замечательные наши дворцы и памятники ему были не очень знакомы, и он удивлялся, что я все это знаю. Но я знала это, в основном, благодаря Анне Андреевне. Борис Андреевич все расспрашивал меня, где Биржа, что значат ростральные колонны. Ездили мы с ним и с Анной Андреевной часто к Рыбаковым, которые жили на набережной Невы, и дом их тоже был для Анны Андреевны всегда очень значимым. Анна Андреевна очень ценила и самого Иосифа Израилевича, великолепного знатока живописи (он собрал замечательную коллекцию русского искусства первой половины XX века), и его жену Лидию Яковлевну, которая отличалась необычайным тактом и сохранила это качество до последних лет своей жизни. У них в доме часто бывали художники.

У нас в доме тоже собирались, конечно, многие художники, начиная с Татлина. Здесь бывали Тырса, Бруни, Лебедев, Лапшин, Львов, Пахомов, Осмеркин, Иогансон, Малевич, Митурич и многие-многие другие. Но это уже другая страница жизни. Надо сказать, что когда собирались художники, Анна Андреевна обычно не любила выходить. Либо она оставалась в кабинете, либо уходила куда-то в гости. Она общалась больше с людьми из литературной среды, близкими к ее собственным интересам. Это качество, развившееся в ней уже тогда и, по-видимому, существовавшее и раньше, она сохранила навсегда. Она очень четко умела настроить собравшихся людей на то, чтобы ее интересы превалировали в разговоре и чтобы литературные темы, которые ее волновали (позже это были часто пушкинские темы), были в кругу общего разговора. А разговоры о живописи, которые вели художники между собой, вероятно, ее мало увлекали, хотя художники все относились к ней с необычайным почтением и рады были с ней общаться.

Анна Андреевна обладала поразительной способностью сосредотачиваться на том, что ее интересовало и что ее привлекало вообще и в данный момент, в частности. Разговаривая с кем-то, она обычно очень быстро, с двух-трех слов, понимала уровень представлений своего собеседника. У нее была такая особенность: она как бы спускалась до уровня того, с кем разговаривала. Она обычно не пыталась его в чем-то убедить и тем более переубедить, посвятить в свои сокровенные мысли, а говорила о том, что могло его интересовать, что было ему доступно и в какой-то степени понятно. Это видно, например, довольно ясно по содержанию записок Лукницкого. Она прекрасно знала, что и как он записывал, и даже иногда контролировала и проверяла его записи. И всегда говорила на том уровне представлений, которые были ему доступны.

У Лукницкого, скажем, есть такой эпизод. В ноябре тридцать пятого

ПРИМЕЧАНИЯ

•
Сведения И. Н. Пуниной о том, был ли П. Н. Лукницкий сотрудником НКВД, основаны на публикации О. Калугина о «Деле» Ахматовой. Однако сообщение О. Калугина едва ли можно считать абсолютно достоверным. Р. Д. Тименчик, общавшийся с П. Н. Лукницким, рассказал нам с его слов, что в конце 1920-х годов Лукницкого вызывали в НКВД, отняли у него дневники, потом вернули. Единственный «донос» Лукницкого, который приводит О. Калугин, не содержит ничего порочащего Ахматову и других участников вечера и почти полностью совпадает с одной из записей в дневнике Павла Николаевича. (Прим. Н. Поповой и О. Рубинчик.)

года, примерно, дней через 10 после того, как выпустили Леву и Николая Николаевича со Шпалерной, он пришел на Фонтанку, до этого он очень долго не появлялся у нас. И он пишет, что после такого долгого отсутствия хотел говорить с Анной Андреевной откровенно и обо всем. А она ему почти наизусть пересказала целую передовицу про Пашу Ангелину. Лукницкий пишет, что он ожидал бы скорее услышать это от Пунина, чем от Анны Андреевны. Подобные вещи есть, скажем, и в воспоминаниях Маргариты Алигер: Анна Андреевна говорит целыми абзацами передовиц того времени. Это была своеобразная активная самооборона Анны Андреевны, ориентированная на представления собеседника.

Что касается Гуковских, о которых я упомянула, и особенно Григория Александровича и Наташи Рыковой, то Анна Андреевна вначале как-то очень была расположена к родителям Натальи Рыковой. Они жили в районе Сергиевской, и Анна Андреевна очень часто меня туда брала. Она взяла меня на одно торжественное событие: я была выбрана ею в качестве крестной для дочки Натальи Рыковой — Натальи. Случилось непоправимое: Наталья Рыкова умерла во время родов, осталась маленькая девочка, замечательная девочка, которой, к сожалению, тоже уже нет в живых, — Наталья Долинина. Многие знают ее. У нее есть великолепная повесть — рассказ об отце, о Григории Александровиче, о ее собственной очень тяжелой жизни, совершенно невообразимой. Теперь даже трудно представить, как все это можно было выдержать, как она жила после ареста отца, имея двух крохотных детей, без работы, без заработка и отовсюду гонимая.

Зимой в те годы Анна Андреевна часто ходила на лыжах. В хорошем настроении Анна Андреевна, проснувшись, говорила: «Пойдем гулять. Приготовь мне горячей воды умыться». Надевала свой великолепный белый свитер, мы брали лыжи и спускались обычно на лед Фонтанки. Фонтанка в те зимы замерзала настолько, что там устраивали и новогодние елки, ходили на лыжах. И Анна Андреевна обожала прогулки по льду Фонтанки. Мы шли обычно до Летнего сада, где встречались с семьей Срезневских, или специально к ним заходили.

Летом, когда после операции я жила у Срезневских в Курорте (это было уже начало 30-х годов), Анна Андреевна, приезжая навестить меня, любила купаться. О том, что она умела плавать «как рыба», известно, но это относится обычно к ранним крымским годам: «Стать бы снова приморской девчонкой». А тогда она была уже отнюдь не девчонка, но и в том достаточно уже солидном возрасте купаться и плавать она обожала. В то время, как Валерия Сергеевна Срезневская сидела на берегу и говорила: «Ну, Аня, куда ты? Зачем тебе в воду лезть?» — Анна Андреевна уходила в воду и плыла, плыла как можно дальше, очевидно, испытывая ощущение полного блаженства. Вот это чувство какой-то своей самодостаточности, своей уверенности она сохраняла на протяжении всей жизни. Ощущение владения собою, своим телом, своими мыслями и кругом людей, с которыми она общалась. И это мне хотелось тоже особенно отметить.

В 1927 году Николай Николаевич почти полгода был в Японии. Сохранилась переписка этого времени, которая отчасти мною опубликована. Анна Андреевна, вспоминая начало своей литературной известности, говорила, что сборник «Вечер» вышел, моментально разошелся — и она сразу стала известна. Но она стала известна в очень небольшом кругу — тираж книги был всего 300 экземпляров. Это был круг «Башни» Вячеслава Иванова, которого Анна Андреевна позже несколько порицала, Михаила Кузмина, который написал предисловие к сборнику «Вечер». Это был круг петербургских поэтов. Кое-кто в Москве, конечно, знал об этом сборнике. Когда вышли «Четки», они принесли Анне Андреевне дальнейшее упрочение славы. Потом уже ее сборники выходили один за другим большими тиражами, и она стала действительно широко известна у нас. Но когда в 1927 году Николай Николаевич поехал в Японию, то он написал оттуда, а, приехав, рассказывал о том, что там есть издания стихов Анны Андреевны, переведенных на английский и на японский языки. И даже такая строчка есть в стихах Анны Андреевны: «Ты отдал мне не тот подарок, который издалека вез». Он вез какой-то реальный земной подарок, а привез известие о такой ее широкой зарубежной славе... То, что в Японии оказались переведенными ее стихи, что там были русисты, занимавшиеся творчеством Ахматовой, — это было поразительно. Один из них, Ёнекава, приехал вскоре в Россию и был у нас на Рождество здесь, в Фонтанном Доме, в январе 1928 года. Николай Николаевич сфотографировал его на групповом снимке у нас в квартире, у рождественской елки. Через много лет Ёнекава навестил нас еще один раз, но уже на Широкой (ул. Ленина).

Другой известный японский славист — Наруми, будучи у нас на Фонтанке, зарисовал план кабинета Николая Николаевича, в котором жила Анна Андреевна. Зарисовал все

Детская елка в Фонтанном Доме. Сидят Игорь и Женя Аренсы, Марина и Ира Пунины. Дед Мороз — Женя Смирнов. 1925 год. Фото Н. Н. Пунина

предметы обстановки, где и как они стояли. Причем он с точностью ученого и восточного человека отметил, какие японские изображения стояли у Николая Николаевича в книжном шкафу, и что на японском фонарике, висевшем в центре комнаты, был рисунок «семи осенних трав». Я заказала в Японии такой фонарик. Исияма Миэко любезно выполнила мою просьбу, и такой же фонарик теперь висит в папином кабинете.

Николай Николаевич обожал устраивать новогодние праздники в память тех елок, которые были в его детстве в Павловске. В моем детстве на елки приходили мои двоюродные братья и сестра Марина Пунина. Елка всегда была великолепно украшена. Николай Николаевич в это вкладывал массу энергии, творческого задора. Важно было и то, какие подарки под елкой были положены. После двадцать седьмого года на елке появлялись из японской бумаги чудные фонарики, которые папа с нами вместе клеил. В том же двадцать седьмом году Николай Николаевич прислал нам из Загорска, где он побывал, вырезанную из цветной плотной бумаги сцену рождения Христа и поклонения Богоматери волхвов и пастухов. И это все было расставлено под елкой. Когда мы приехали с Анной Андреевной на Сицилию, то там были похожие сценки, только не картонные, а составленные из марионеток. Мы были в Италии как раз накануне рождественских праздников, и Сицилия вся была украшена евангельскими сценами. Все это освещалось или фонариками, или свечечками. На каждом балконе, в витрине каждого магазина было что-то такое: ангелы, слетающие к колыбели — к яслям Христа. Анна Андреевна и я сразу стали вспоминать наши детские елки.

В 1929 году Николай Николаевич выписал Леву из Бежецка, где он жил с Анной Ивановной Гумилевой и тетей Шурой Сверчковой. Лева поселился у нас и учился в школе на 1-й Роте•. Директором школы был Александр Николаевич Пунин. Хотя школа была расположена далеко, но она была одной из лучших в городе. Левины анкетные данные в то время могли служить препятствием для его поступления в школу, но благодаря покровительству Александра Николаевича это удалось обойти. У Левы была хорошая память, он много читал, но учился с трудом, постоянно были разные недоразумения, конфликты с учителями, которые братьям Пуниным приходилось улаживать. Николай Николаевич занимался с Левой математикой и немецким языком, Анна Андреевна — французским. Лева в это время писал много стихов, и ему очень хотелось, чтобы его слушали, но взрослые были не в восторге от этого его увлечения. Акума, боясь, что Лева сделает это своей профессией, убеждала его, что «это безумие».

ПРИМЕЧАНИЯ

• Нынешняя 1-я Красноармейская улица.

•• Николай Константинович Миронич (1901—1951) — лингвист-востоковед, друг семьи Пунина и частый посетитель их дома. Погиб в лагере.

Окончив весной 1930 года школу-девятилетку, Лева уехал на какое-то время в Бежецк. Папе удалось выхлопотать ему паспорт и ленинградскую прописку, много хлопот вызвало Левино поступление в университет, но и эти трудности были в конце концов преодолены. Одно время Лева жил у маминого брата Льва Евгеньевича Аренса и Сарры Иосифовны. Несмотря на тесноту, Леве выделили комнату. У Аренсов ему было хорошо, он много читал, вел философские разговоры с дядей Левой, иногда с Николаем Константиновичем Мироничем••, который там часто гостил. Лева вернулся к нам на Фонтанку, но у нас уже было очень тесно: Евгений Иванович Аренс переехал к нам и жил в детской. Татьяна Смирнова, невестка Аннушки, претендовала на столовую, вернее, оформила ее явочным порядком. Лева устроил себе кабинет в конце коридора, за папиной дверью, из верхнего южного окна туда попадали лучи солнца, а зимой это небольшое пространство обогревалось кафельной печкой. В торце коридора на сундуке Лева соорудил себе кровать, около стены стоял небольшой стол, с потолка спускалась цепочка с полумесяцем, к которой он подвесил большой бронзовый фонарь в виде восточного храма, решеточки боковых стенок обрамляли цветные стекла, когда внутри загоралась лампочка, то мягкий свет фонаря освещал небольшое помещение, создавая уютную обстановку в нем. Лева был горд своим «кабинетом». Но это продолжалось недолго.

Жизнь усложнялась, дрова становилось доставать все труднее и труднее, ввели карточки на продукты, свободная торговля сокращалась, стали появляться очереди за керосином и за всем необходимым.

Я начала с того, что в 20-е годы наша квартира была благоустроенной: в столовой утром шумел самовар, висела икона Параскевы Пятницы, часы с медными гирями, на кухне топилась дровяная плита, печи были натоплены, снизу подогревало амосовское отопление. С года «великого перелома», с двадцать девятого года, началось постепенное, так сказать, взламывание всей жизни нашей страны и, конечно, Ленинграда прежде всего. Началось это со стремления к уплотнению квартир. Считалось, — это вы все знаете по «Собачьему сердцу» Булгакова, — что можно в одной комнате оперировать, и спать, и обедать, и принимать посетителей. К сожалению, все квартиры становились постепенно коммунальными. И наша квартира не исключение, — стала холодной, коммунальной, с выходами всех дверей в коридор; чтобы выйти в него или на

Л. Гумилев и Н. Н. Пунин (на заднем плане) в кабинете квартиры Н. Н. Пунина. 1926 год. Фото П. Лукницкого

кухню, надо было накидывать что-то теплое. Если звонил телефон, который находился в прихожей, Анна Андреевна просто надевала шубу, иначе было невозможно. Квартира стала, конечно, разрушаться.

Левин приезд к нам пришелся как раз на это переломное время. Когда Николай Николаевич пригласил Леву к нам, жизнь еще казалась как-то налаженной, но очень скоро все это кончилось.

Коптящие керосинки на кухне, воющие примусы и так далее. Мы с Левой регулярно осенними вечерами ходили на промысел дров, потому что их постоянно не хватало. Лева, который отличался необычайной самоуверенностью, брал обычно пачку папирос «Блюминг» или «Трактор» и шел беседовать со сторожем, который дежурил на Фонтанке. Закуривая и заговаривая с ним, он тянул время, чтобы я обошла штабеля дров. Обычно брали еще кого-нибудь «на подмогу», чтобы выяснить, откуда можно унести полено или старые торцы, которых было довольно много. Фонтанка была покрыта тогда еще деревянными торцами и их меняли время от времени. Эти торцы потом мы тащили к себе домой и пытались ими топить

печки, что было довольно трудно, потому что без керосина они отказывались гореть. Кроме того, пилить и обрабатывать их в квартире тоже было нелегко. Это было постоянное наше занятие в 30-е годы. Лева лихо как-то все это воспринимал, всегда с юмором и с героическим началом. Но и такая жизнь в коммунальной и малоблагоустроенной квартире тоже прервалась. Первого декабря тридцать четвертого года был убит Киров. Мы узнали об этом сразу же, потому что моя мать дежурила на «скорой помощи» — она была врач. Шоферы «скорой помощи» обычно знали все, что происходило в городе — не нужно ни радио, никаких других средств, все передавалось моментально, с полной точностью. Даже то, что потом случилось с Николаевым, они все сразу знали. Но, естественно, говорили об этом шепотом, тихонько. Тогда приехал впервые Сталин в наш город. После убийства Кирова постепенно начались аресты, паспортизация и все последующие беды, которые посыпались на всю страну, в особенности на наш город.

В конце октября 1935 года были арестованы Лева и Николай Николаевич. Причем тогда для ареста еще требовались какие-то формальные основания. Для того чтобы их найти, в наш дом был прислан осведомитель, это был сокурсник Левин по университету. Он тоже учился на историческом факультете, приехав из провинции. Некто Аркадий. Он приходил к нам, ничего не зная ни по истории, ни по философии. Он кормился и занимался у нас, предлагал чинить нашу старую мебель или оказывал другие услуги, иногда вступал в разговоры с Левой и Николаем Николаевичем о философии Гегеля, о том, что философию Гегеля в университете перестали как-то ценить или подавать с привычной точки зрения. Лева к этому времени был достаточно начитан в вопросах истории и философии. И вот эти длительные их беседы, в которые Аркадий иногда включался, а больше, конечно, слушал и доносил о том, что такие имена, как Гегель, Кант, Ницше, что было уже само по себе подозрительно, звучат в нашей квартире. И это все доносилось в соответствующие органы. По этим доносам Лева и Николай Николаевич были арестованы в октябре. Обыск продолжался у нас почти до рассвета. Из вещей, которые взяли при обыске, я помню книги Ницше и Мандельштама.

После ареста Николая Николаевича и Левы в 1935 году Анна Андреевна написала стихотворение: «Уводили тебя на рассвете...» Она описывает бывшую детскую, которая сейчас ее мемориальная комната. «В темной горнице плакали дети» — это плакали не дети вообще, а это были я и мой двоюродный брат Игорь Аренс, который жил у нас, потому что отец его уже был в лагере. И безумно выла и бесновалась собака, которая, конечно, не могла смириться с шарканьем сапог гэпэушников. Собака — это полярная лайка, привезенная семьей маминого брата, которая после его отправки в лагерь жила у нас. «У божницы свеча оплыла» — там, действительно, была икона и лампадка, которую всегда зажигали вечером. Это все точно, конкретно зафиксировано. И Игорь, брат мой, плакал. Он хотя и был младше меня, но хорошо понимал, чем кончаются аресты: отец его был уже в лагере на севере, а мать — в ссылке в Астрахани. Я в ту ночь как-то в один вечер стала взрослой. Потому что все, что касалось сохранения дома, легло на мои плечи. Утром я поехала к папе на работу, чтобы отвезти ключи...

И еще про арест 35-го года. У Николая Николаевича была машинка такая для фотоаппарата — автоспуск, при помощи которой он мог, заведя ее на определенное время, навести фотоаппарат, затем встать в кадр со мной или с Анной Андреевной, и эта машинка щелкала, фотоаппарат фотографировал. Такие фотографии Николая Николаевича были на выставке в музее. И он со свойственной ему легкостью как-то во время общего разговора сказал: «Этой машинкой тоже можно убивать». На самом деле, это была шутка: этой машинкой сфотографировать — единственное, что можно было. Никаких разговоров об убийстве Сталина не было, и вообще как-то никому в голову тогда не приходила идея террористических актов. Во время этого разговора была одна знакомая. Она донесла.

Анна Андреевна после ареста не теряла самообладания. Всем известна история, как она поехала в Москву и отхлопотала и Леву, и Николая Николаевича. Это описано многими, и я не буду этого повторять. Сразу, как только распоряжение из Москвы пришло, их быстро выпустили, хотя была уже ночь. Николай Николаевич со свойственными ему юмором и легкостью рассказывал, что когда пришли к нему в камеру и сказали: «Забирайте вещи и выходите», — он подумал, что это на какую-то пересылку. — «Нет, идите домой». Он сказал: «Я плохо вижу, можно здесь остаться до утра?» Хотя это было на Литейном, довольно близко от дома. Но они ему ответили: «У нас не ночлежный дом!». Их вывели за ворота, которые за ними тут же захлопнулись. Они были подавлены и поражены встречей, молча дошли до дома. Почему-то в этот вечер у нас не было электричества. Мы сидели при керосиновой лампе. Пришли братья Николая Николаевича — Александр и Лев. Тут же позвонили Анне Андреевне в Москву. Ощущение от этого вечера осталось навсегда, началась другая, более трудная полоса жизни. Этот арест имел серьезные последствия и в отношениях между взрослыми, и во всей нашей жизни.

В 1949 году Николай Николаевич и Лева были арестованы в третий раз. К обвинениям 1935 года теперь присоединили враждебную идеологию и космополитизм. Арест 1935 года и особенно освобождение, подписанное врагом народа — Ягодой, имело роковые последствия и для Левы, и особенно для Николая Николаевича, который не вернулся из последнего лагеря, где он скончался в августе пятьдесят третьего года. Он часто говорил: «Дожить бы до смерти Сталина». Мечта его сбылась. Дожил. И надо сказать, что в лагере они успели почувствовать некоторое облегчение. Им, во-первых, разрешили написать лишнее письмо домой. Изменился лагерный режим: убрали высокое напряжение вокруг лагеря, начали снимать номера с одежды. И пошло довольно быстро потепление. Хотя, как вы знаете, Лева пробыл все-таки в тех краях до 1956 года. Так что эти изменения дошли, с одной стороны, сразу, а с другой стороны, коснулись каких-то внешних факторов, а не глубинных мотивов арестов и посадок.

Отношения Анны Андреевны и Николая Николаевича к середине тридцатых годов становились все более сложными.

Гаршин появился у нас довольно рано, в тридцать седьмом году. Он был врач (патологоанатом) и приходил навещать Анну Андреевну после того, как она лежала в Мариинской больнице, где их познакомил Василий Гаврилович Баранов, известный врач-эндокринолог.

Гаршин стал бывать у нас, когда Анна Андреевна еще прочно жила в папином кабинете. Мне было не до того, чтобы наблюдать за их отношениями. Но однажды, когда Гаршин был у Акумы, я влетела к ней в комнату с радостным известием о возвращении из ссылки моей тетушки Сарры Иосифовны Аренс, той, которая потом в шестидесятые годы жила с Анной Андреевной в Комарове, и я была озадачена, что Анна Андреевна как-то очень равнодушно на это прореагировала, хотя обычно она очень близко принимала к сердцу судьбу всех возвращавшихся из ссылки. Потом, когда Анна Андреевна уже переехала в детскую, Гаршин стал бывать у нее чаще.

История переезда Анны Андреевны из кабинета тоже совсем не так освещается, как оно было в самом деле. Я вышла замуж, и многое в нашей жизни поменялось. Николай Николаевич с большим терпением и очень упорно просил Анну Андреевну вообще уехать с Фонтанки. Он считал это естественным, раз они расстались. Он чистосердечно совершенно считал: расстались, так зачем жить под одной крышей, тем более в той невероятной тесноте, в которой мы оказались. Но, как ни убеждал ее Николай Николаевич, она не уехала; единственное, чего он добился, это чтобы Анна Андреевна из кабинета переехала в бывшую детскую комнату.

После того, как Акума и папа разошлись, Анна Андреевна почти перестала разговаривать со мной. В то же время она сохранила дружелюбные отношения с моим мужем Гешей (Генрихом Яновичем Каминским). Тогда именно он нашел во дворе и подарил Анне Андреевне понравившуюся ей старинную фарфоровую чернильницу-улитку, которая находится теперь в музее. Анна Андреевна и папа продолжали вечерами подолгу разговаривать вдвоем, общаясь даже больше, чем прежде, возможно, они обсуждали будущее нашего дома.

Однажды весной 1939 года я шла по коридору в кухню, Анна Андреевна говорила в этот момент по телефону, она стояла, опершись коленом на стул. Уже было ясно, что я жду ребенка. Анна Андреевна, не прерывая разговора и не меняя позы, неожиданно спросила меня:

— Когда будет детишна?
— В мае.
— Хорошо, когда в мае родятся дети.

Я запомнила дословно этот короткий разговор, наверное, потому, что это было едва ли не первое ее обращение ко мне за год после разрыва с Николаем Николаевичем.

Итак, я вселилась в кабинет с моим мужем Генрихом, и потом родилась маленькая Анюта. У нас пошел следующий слой жизни.

В 1940 году наконец вышли из печати папин учебник «История западноевропейской живописи»; у Акумы — «Из шести книг». В Союзе писателей в этот период относились к ней с благоговением; ей предлагали квартиру, если бы она захотела переехать. Но она не захотела — это тоже загадка ее жизни, ее биографии, ее отношения к этому месту и ко всему, что здесь было, — не захотела покинуть Фонтанный Дом. Причем много раз были для этого реальные возможности и реальные предпосылки.

ПРИМЕЧАНИЯ

• Домашнее имя Ани Каминской.

Акума осталась жить в детской. Гаршин приходил к ней в эту комнату. Это был трогательный и милый человек, с такой необычной деликатностью, которая казалась уже тогда музейной редкостью. Анне Андреевне он в женской муфте приносил теплые бульоны, еще что-то такое. Гаршин нашел какого-то столяра, немного привел в порядок мебель.

Потом с Гаршиным я встречалась в блокадное время, когда Анны Андреевны уже не было в городе. Она выехала вот с этим маленьким зеленым чемоданчиком, в котором почти ничего не взяла.

Когда Николай Николаевич и Анна Андреевна окончательно решили, что они расходятся, они обменялись письмами. Все свои ранние письма Анна Андреевна уничтожала, выискивая, у кого они сохранились, чтобы их вернуть и сжечь. Письма к Николаю Николаевичу, которые он ей вернул, она сохранила, не сожгла. Видимо, она их перечитывала. Но улетая из Ленинграда, уже из бомбоубежища на канале Грибоедова, она, конечно, эти письма взять не могла и про них, может быть, и не вспомнила. Вероятно, она попросила Гаршина (или он делал это по своей инициативе), в своей комнате взять наиболее ценные для нее вещи, то, что Анна Андреевна хотела сберечь. Гаршин приходил к нам, разбирал ее вещи, бумаги, что-то откладывал в сторону, что-то увозил на саночках. Помню, как в один из таких отъездов он упаковал и увез статуэтку Анны Андреевны работы Данько. В этом для меня был какой-то трагический смысл. После войны то, что сохранилось, он вернул, и многие вещи теперь здесь, в музее.

6 ноября, после того как фугасная бомба упала в Инженерный замок и взрывная волна выбила все стекла в нашей квартире, мы (папа, Игорь Аренс, я и Малайка•, мама большей частью ночевала на работе) — переехали в детскую, так как в ней было одно окно. Ее легче было замуровать. Пространство между рамами я заложила подушками от оттоманки, вставила какую-то фанеру, буржуйка, которую в августе добыл Александр Николаевич, стояла в этой комнате около кафельной печки так, что труба ее попадала во вьюшку. Папина

кровать была у восточной стены, а наши — со стороны столовой, где жила семья Смирновых (Женя, Татьяна, Валя и Вова). Дверь в коридор замуровали, около нее стояла кровать Игоря, ходили через Розовую комнату. Мы старались быть поближе к теплу, к буржуйке. Электричества не было, водопровод давно замерз, телефон не работал, приемник, географический атлас, карты и велосипеды нас заставили сдать еще в июле. В конце февраля сорок второго года мы уехали, нашу квартиру навещал Андрей Андреевич Голубев•. Когда могла, приходила Марта Андреевна, она упаковывала архив Николая Николаевича, который постепенно перевозила в Дом ветеранов сцены. Муж Марты Андреевны был тяжело болен, и она не могла его оставить. Весной он скончался, но тем не менее она уехала только осенью. Ее отец однажды в коридоре на полу нашел какую-то кипу бумаг Анны Андреевны, среди которых были письма, адресованные Николаю Николаевичу. Он их перевез на Петровский остров, в Дом ветеранов сцены (он был директором этого дома). Там у него последнее время перед эвакуацией жили Николай Николаевич и маленькая Аня, потому что здесь, на Фонтанке, уже жить было совершенно невозможно. Я продолжала дежурить на «скорой помощи» и изредка приходила ночевать сюда. Эти письма Марта Андреевна сохранила до нашего возвращения. Несмотря на требования Анны Андреевны, она ей их не вернула. Она завещала своей дочери после смерти Анны Андреевны отдать их мне, что та и сделала. Я передала их в фонд Пунина в ЦГАЛИ, где они сейчас хранятся. Некоторые выдержки из них публиковались.

В первые недели войны Анна Андреевна привлекалась к так называемым работам по спасению города. Мы с нею красили огнеупорным раствором, какой-то белой известкой балки на чердаке Шереметевского дворца в главном флигеле. Анну Анд-

Анна Ахматова и Аня Каминская в Фонтанном Доме. 1946 год. Фото Л. Зиверта

реевну это несколько утомляло. Но еще больше ее раздражал напор нашего управдома, который с трудом выводил свою фамилию: «Коган» — ему требовалось на это несколько минут. Никаких других букв он, по-видимому, не знал вообще, и никакую бумагу прочесть не мог. Если ему приносили готовую бумажку и просили подписать, он говорил: «Нет, напишите при мне. Я буду видеть, что это именно вы пишете. Тогда я подпишу». И вместе с тем он командовал этими работами. Вот такой, маленького роста человечек приходил и говорил: «Гражданка Ахматова, пора на чердак», «Гражданка Ахматова, пора дежурить у ворот». Вы знаете стихи Ольги Берггольц «У Фонтанного дома»; это реальный факт, свидетелем которого однажды оказалась Ольга Федоровна, она увидела Анну Андреевну, дежурящей у ворот. «Гражданка Ахматова, вы сегодня поздно вышли из дома», «гражданка Ахматова, сегодня была тревога, а вы не ушли в щель». Это обращение, конечно,

ПРИМЕЧАНИЯ

•
Отец М. А. Голубевой.

доводило Анну Андреевну до полного неистовства, которое, впрочем, наружу она не выказывала. Эти обязательные работы были к тому же абсолютно бессмысленными. Потому что Анна Андреевна, стоявшая с противогазом около ворот Фонтанного Дома, не остановила бы ни самолеты немецкие, ни даже если бы сюда пришли живые немецкие солдаты. Эта бессмысленность была очевидна для многих. И Анну Андреевну это очень угнетало. Узнав, что есть писательское общежитие в бомбоубежище на канале Грибоедова, и там жили многие ее друзья, и Томашевские в том числе, она стала часто во время тревог уходить уже не в щели сада, а туда, в то бомбоубежище. Иногда, когда было более или менее спокойно, она находилась у Томашевских днем, иногда ночевала там. Николай Николаевич пишет в дневнике, что ему странно видеть, как она боится смерти, хотя она всегда говорила, что хочет умереть. Она действительно боялась, у нее появилось какое-то

чувство ужаса и паники. Было чего бояться: постоянные обстрелы, вой сирен; одна бомба упала прямо в саду на наших глазах. Флигель нашего дома вот так покачался-покачался, поехала вся мебель в комнатах — потом встал на место, а мог и не встать. И это было, конечно, по-настоящему страшно. Хорошо, что Анна Андреевна имела возможность туда уходить. Там же Анну Андреевну включили в список эвакуируемых. Поэтому она так рано и так благополучно, в сущности, смогла покинуть осажденный Ленинград. Сейчас отмечают 8 сентября — день начала блокады. Это тоже уже поздняя сказка, потому что по существу мы поняли, что окружены, уже в конце августа. Двадцать седьмого августа пришел последний поезд в Ленинград. С тех пор реальной связи с внешним миром для нас больше не было. Только по радио все время говорили, когда мы стояли в очереди за хлебом или еще за чем-нибудь, что это немецкие фальшивки, — Ленинград не окружен. Когда в официальной прессе говорят, что этого нет, то это значит, что так оно и есть. К сожалению, блокада была.

Мне кажется, что в саду Фонтанного Дома надо отметить место, где были щели. Потому что это было не только место, где мы находили убежище в те страшные дни. О них написано и в стихах Анны Андреевны.

Поразительна совершенно была наша встреча в Ташкенте. Мы ехали месяц примерно до Ташкента. Многим своим родственникам в разных городах я посылала телеграммы, чтобы они пришли встретить нас, повидаться, но никто не смог. Потому что эшелон шел без расписания. В Ташкенте, когда мы приехали, Анна Андреевна стояла на платформе с букетом беленьких цветов. Как и кто ей сказал, что мы приезжаем? — это было совершенно поразительно. Это я знаю уже со слов Николая Николаевича, я в этот момент ее не видела. Я ехала в другом купе, отдельно от родителей, и выходила на маленький базарчик около вокзала, а когда вернулась в поезд к родителям, Анна Андреевна сидела в купе. Это было совершенно невероятным событием. А потом — это была просто трагедия: мы пошли в гости к Анне Андреевне — она просила нас непременно прийти к ней домой — и мы пошли. А эшелон ушел тем временем, хотя нам сказали, что он должен отправиться через трое суток. Умирающий Николай Николаевич и маленькая Аня уехали без нас в Самарканд, а мы с мамой остались в Ташкенте. Только усилиями Анны Андреевны нам добыли билеты до Самарканда и хлебные талоны, чтоб мы там как-то просуществовали те сутки, на которые мы застряли — безо всего. Сохранились ее письма ко мне из Ташкента и письмо Николая Николаевича из самаркандской больницы, которое она хранила всю жизнь, а последние годы носила в сумочке. Николай Николаевич в июле сорок третьего года ездил к ней в Ташкент. Он навестил ее и гостил у нее восемь дней. Это было, конечно, необыкновенным событием. В военные годы иногда бывали такие неожиданные сюрпризы.

Анна Андреевна вернулась в Ленинград раньше нас — 1 июня, и здесь произошел ее разрыв с Гаршиным. А 19 июля 1944 года мы вернулись из Загорска, где прожили полгода, по пути из Самарканда в Ленинград. Поезда ходили без расписания. Никто не знал, когда они прибудут. Мы ехали от Москвы трое с чем-то суток. Идем пешком с Московского вокзала, неся в руках все наше драгоценное имущество: чайник, котенка, которого декан нашего факультета украл для маленькой Ани, и «летучую мышь» — фонарь, потому что все представляли себе, что значит жить без света; одеты в какие-то полулохмотья. Свернули с Невского на Фонтанку. Город был совершенно пустой, мы встречали, в основном, только тех, кто приехал с нашим эшелоном. Были, конечно, и другие поезда, но люди быстро растворялись в пустом городе. Подходим ближе к нашим воротам — там маячит какая-то фигура. Мы подходим ближе: это оказывается Анна Андреевна, и в руках она держит маленький букетик цветов. Она сказала, что случайно оказалась здесь, дает Ане цветы и говорит: «Аня, это тебе», — смотрит на Николая Николаевича и говорит: «Я в Фонтанном Доме жить больше никогда не буду». Но прошло немного времени, и в августе она возвращается к нам.

Анне Андреевне удалось оформить на свое имя две комнаты в нашей квартире — бывшую столовую и детскую. В это время она была членом правления, и Союз поддержал ее в этих хлопотах. Теперь в ожидании близкой победы мы стали устраиваться в родной квартире. Воду мы брали в Фонтанке, первые заботы — оконные стекла и дрова на предстоящую зиму, продукты, работа, занятия.

Сорок пятый — первый Новый Год, который встречали в Фонтанном Доме. Была устроена первая за время войны настоящая новогодняя елка в нашей бывшей столовой. В окна уже были вставлены кусочки стекол от картин, которые раздобыл Макогоненко. В комнате, теперь уже принадлежавшей Анне Андреевне, была устроена елка для Ани и ее сверстников. Анне Андреевне нравилось принимать участие в детском празднике, она играла с детьми, помогала Деду Морозу раздавать подарки. Утешала маленького Сашу Орешникова, который испугался Деда Мороза — своего отца Виктора Михайловича. Он был в довоенной еще маске, а за спиной у него был целый мешок подарков, которые вызвали особый восторг у детей.

Если говорить о том, как работала Анна Андреевна... Мне очень трудно представить себе ее сидящей за письменным столом или вообще за каким бы то ни было столом. Хотя вот тот ломберный столик, который стоит у вас наверху в ее комнате, появился довольно рано, но чтоб она присела к нему и стала писать что-то — такого я вспомнить не могу. То есть, вероятно, это бывало, но не было характерным. Она предпочитала быть в постели, после того, как папа или я поили ее утренним кофе или чаем. Если она не занималась со мной, то со своими тетрадями, блокнотами, книгами, в постели лежа, писала или читала. На книгах, которые она читала, она делала обычно пометки и иногда даже писала целые стихотворения или стихотворные строчки. Если приходившие к ней гости заставали ее в постели, а иногда, чтобы отказаться от посетителей или от собственных нежелательных визитов, она сказывалась больной. Домашние, конечно, хорошо знали это обыкновение, Гумилев и Николай Николаевич поэтому иногда несколько иронически говорили о ее болезнях.

В 1953 году, в момент болезни и смерти Сталина, мы жили уже на Коннице, отсюда, с Фонтанки, нас благополучно выдворили. И выдворяли сначала угрозами, а потом соблазнами всякими. Мне предлагали отдельную квартиру. Комендант Арктического института говорил: «Вы уезжайте, а старушка без вас не проживет долго, вы не беспокойтесь». В апреле 1952 г. нас в конце концов выселили отсюда. Мы жили на улице Красной Конницы, и Анне Андреевне там нравилось. Все-таки там у нее были две комнаты: не так, как в писательском доме на ул. Ленина в последние годы ее жизни, где у нее была одна комната. И это было место, откуда был виден Смольный собор. Анна Андреевна тогда еще довольно много гуляла. То, что можно было выйти на улицу и посмотреть на Смольный собор, ее очень радовало и грело. Она вспоминала свои прогулки с Николаем Николаевичем в двадцатые годы, Смольный институт, Кавалергардскую, связанную для нее с воспоминаниями о Недоброво, и многое другое.

К нам приходила очень милая старушка, которая жила у потомков лицеиста Матюшкина; она помогала нам по хозяйству и оставалась с Анной Андреевной, потому что Анна Андреевна не переносила оставаться одна, когда мы уходили на работу. Однажды эта старушка пришла из булочной и говорит: «По радио сказали, что Сталин заболел». Анна

Андреевна не поверила: «Какая чушь! Наша старушка сошла с ума. Не может быть, да еще чтоб по радио говорили. Сталин никогда не болеет и с ним никогда ничего не может случиться». Но тут же, конечно, села к маленькому репродуктору, который у нас был в столовой. Так мы и просидели по очереди три дня, слушая бюллетени о состоянии здоровья Сталина. Анна Андреевна вся была внимание, настороженность. 4-го марта к концу дня состояние Сталина было или безнадежным, или он уже умер, но власти в растерянности ждали до 5-го, чтобы объявить об этом. Последний бюллетень был о том, что его состояние ухудшилось, в моче появился белок. Анна Андреевна сказала саркастически: «Невероятно: божество, небесный житель какой-то — и вдруг моча, в моче белок!»

На следующий день сообщили, что он скончался.

Будучи временно заместителем директора Художественного училища, я была приглашена в Смольный на чтение письма Хрущева к XX-му съезду КПСС, к коммунистам, письмо было там оглашено для специального круга работников. Хрущев, как вы знаете, в этом письме развенчал культ Сталина. У Анны Андреевны это событие вызвало особый интерес, она была возбуждена, выспрашивала у меня каждое слово.

«Я — хрущевка», — позже часто повторяла Анна Андреевна. Я помню, когда мы приехали в Италию и корреспонденты ее спрашивали о чем-то, она обычно начинала с этого короткого определения. Она любила вообще говорить коротко. Никаких длинных разговоров. Даже в ту пору, когда она еще не думала о том, что телефон прослушивается (а его прослушивали, конечно). Она коротко сообщала, что она придет куда-то, или приглашала зайти к себе, иногда коротко передавала какую-то информацию о своих делах, о выходе книги, а подробные разговоры оставляла всегда до встречи. Вообще четкость, собранность и целеустремленность ей была свойственна во всем. И в телефонных разговорах особенно она ее подчеркивала.

Анна Андреевна, когда сочиняла стихи, иногда ходила по комнате и повторяла их вслух, «жужжала». Впрочем, это было не столько жужжание, сколько монотонное повторение, может быть, со стороны казавшееся странным. Особенно это было интересно, когда Анна Андреевна поселилась в Комарове, в Будке.

Мы купили приемник «Рекорд», как нам казалось, он тогда стоил довольно большую сумму — 300 рублей. И Анна Андреевна наслаждалась этим приемником. Он стоял у ее кровати. Тогда на русском языке вещания, мне кажется, не было, а если было, то оно не ловилось на наших приемниках, — она слушала передачи из Иерусалима на французском языке. Почему-то они были более доступны нашим волнам.

Когда находила на нее стихия творчества, она включала этот «Рекорд» на полную громкость, причем иногда несколько станций шумели одновременно. И она, не замечая этого шума или даже наслаждаясь им, сочиняла, бормотала стихи. Возможно, что этот шум помогал ей сосредоточиться, заглушая другие звуки, которые могли бы отвлекать ее внимание.

Будку мы выхлопотали с необычайным трудом. Началось с того, что в 1954 году, встретив Новый год в Таллинне, Анна Андреевна и Аня были приглашены в гости на остаток каникул в Комарово к Александру Ильичу Гитовичу. Его домработница Поля и домработница председателя Союза писателей Прокофьева выяснили, что у Анны Андреевны нет дачи, последняя сказала: «Я буду не я, но Прокоп живет на даче, и Ахматова тоже будет жить на даче». У Ахматовой тогда было немало поклонников в правлении Союза писателей и в Литфонде, готовых по мере возможности ей помочь, в частности тот же Прокофьев. На правлении Литфонда, которое вскоре состоялось, было решено, что одна из строящихся дач будет предоставлена Ахматовой. Сама Анна Андреевна отказывалась, она никогда ничего не хотела просить для себя. Я приехала специально к ней в Москву, чтобы она подписала заявление с просьбой предоставить ей дачу. Анна Андреевна категорически отказывалась: «Нет, не буду». Тогда Виктор Ефимович, смотревший на подобные проблемы проще и практичней, сказал: «Надо написать заявление», — и тут же нахлопал его на машинке. Анна Андреевна еще некоторое время сопротивлялась, еле-еле все вместе уговорили ее подписать это заявление. Вместе с заявлением была написана доверенность, которая предоставляла мне право заключить договор, заплатить и т. д.

Еще расскажу о том, как Анна Андреевна встречалась с Солженицыным. Первый раз Солженицын пришел к ней на Ордынку, где она жила в маленькой Алешиной комнате (Алеша Баталов в свою очередь жил подолгу у нас на ул. Красной Конницы в комнате Анны Андреевны). Там, по рассказу Анны Андреевны, Солженицын читал свои стихи, которые Анне Андреевне не понравились. Она достаточно холодно и равнодушно к ним отнеслась. Она прочла Солженицыну «Реквием», который ему тоже не понравился. Солженицы сказал фразу, ставшую потом известной, что «Реквием» — это плач матери по своему сыну, а не общее горе всей страны. Второй раз Солженицын пришел к нам, когда мы жили на улице Ленина. Он пришел с огромным букетом цветов. Они с Анной Андреевной встретились в ее комнате, очень недолго поговорили. Анна Андреевна позвала меня и Аню и попросила, чтобы я продолжила разговор с Александром Исаевичем. Мы поговорили с ним довольно коротко, но общая тема у нас как-то нашлась. Он пишет о том, что август — это месяц, которого он всегда боялся. И у нас в семье это тоже всегда так было: в августе произошло столько смертей, несчастий, начиная от расстрела Николая Степановича, смерти Блока, последнего ареста и смерти Николая Николаевича, смерти очень многих близких людей. Даже приближения августа Анна Андреевна всегда боялась. И вот на эту тему с Александром Исаевичем я несколько минут поговорила. Потом я его проводила. Анна Андреевна больше не хотела продолжать с ним разговор. Когда он ушел, она принесла мне букет и сказала: «Унеси его завтра к себе на работу». Что я и сделала. А что касается «Одного дня Ивана Денисовича», Анна Андреевна очень высоко ценила это произведение. И прочла его гораздо раньше, чем оно было опубликовано. Даже имени Солженицына мы тогда не знали. Кто-то из москвичей привез машинописный текст «Одного дня

Ивана Денисовича» в Комарово, где мы тогда находились. Анна Андреевна читала всю ночь напролет. И потом сказала мне: «Прочти». Мне было как-то очень страшно и тяжело читать о лагере. И я отказывалась. Но Анна Андреевна настояла: «Нет, ты должна это прочесть». Я взяла рукопись, вышла на веранду, положила ее на обеденный стол, открыла и не отрываясь прочла. На какое-то время для меня все остальное перестало существовать. Рукопись была подписана еще псевдонимом Рязанский, по названию города, где Солженицын жил первое время после освобождения. Собственно, имя Солженицына мы узнали только после того, как в «Новом мире» было опубликовано это произведение уже под его фамилией, когда его прочла уже вся страна.

Как вы знаете, мы жили вместе с Анной Андреевной до последнего дня ее жизни. Даже там, в Домодедове, где она скончалась, Аня была почти все время с ней вместе и в больнице, и в санатории. Хотя, надо сказать, для совместной жизни характер у нее был не простой. Я несколько раз порывалась вообще как-то отделиться, Анна Андреевна этого не допускала. За ее отделение от нас очень ратовала Надежда Яковлевна Мандельштам, которая хотела жить вместе с Анной Андреевной. Анна Андреевна давала ей какие-то обещания, но в последний момент, когда нужно было окончательно решить, вдруг всегда отказывалась уезжать от нас. Причем иногда бывали страшные для меня ситуации. Скажем, Надежда Яковлевна шлет Анне Андреевне из Москвы телеграмму, что предоставляют «нам с вами» комнату в Москве, срочно ответьте. Анна Андреевна заставляет меня звонить Надежде Яковлевне и сказать, что она отказывается. Это тоже было характерно для Анны Андреевны: поручать мне то, что ей было тяжело или неприятно делать самой. Я совершенно как на горячей сковородке, не знаю, что сказать. Она говорит: «Нет. Я не буду с Надей. Что она придумала?» И она остается. Хотя, конечно, здесь тяжелого было достаточно. В последние годы она уезжала часто, и довольно надолго, в Москву, но это как раз было естественно, потому что Москва была чуть ли не единственным местом, где была какая-то издательская и литературная жизнь и где Анне Андреевне давали работу. Кое-что, правда, она делала и для ленинградских издательств (скажем, корейцев она здесь переводила), но это было несравнимо меньше, чем в Москве. Многочисленные переводы, которые она делала, заказывались ей в Москве, там же начали печатать ее стихи впервые после долгого перерыва.

Сейчас кажется естественным, что Музей Анны Ахматовой открыт именно в этих стенах, под шереметевским кровом, там, где она прожила так долго, такой важный и интересный отрезок своей жизни. «Но, так случилось, что почти всю жизнь/ Я прожила под знаменитой кровлей Фонтанного дворца…»

Однако много лет идея такого музея не находила никакого сочувствия у властей. Еще в 1981—82 годах Аня Каминская пыталась убедить в необходимости создания музея в Фонтанном Доме Елисееву, позже Ходырева, Матвиенко и др., напоминая в Управлении культуры Ленгорисполкома, в ГИОПе о предстоящем столетнем юбилее. Вначале никто не воспринимал всерьез это предложение и никто не верил в такую возможность. К тому же, говорят, еще Романов, при открытии музея Блока, сказал, что это последний литературный музей в Ленинграде, больше не будет. Институт Арктики, который располагался еще в Фонтанном Доме, создавал очень серьезное препятствие для организации музея Ахматовой. Потом к идее организации музея Ахматовой подключились некоторые журналисты, общественность, Фонд культуры, большую поддержку идее оказали директор Русского музея В. А. Гусев, Д. С. Лихачев, поэт М. Дудин, Е. А. Ковалевская, В. С. Бахтин, В. Е. Гусев. К счастью, эти хлопоты совпали по времени с процессами горбачевской «перестройки», когда многое невозможное еще год назад становилось вполне реальным. Открытие музея в год столетия Ахматовой было почти чудом.

Теперь мы видим, что музей пустил глубокие корни, это уже один из замечательных, можно сказать, знаменитых музеев нашего города, в котором все время происходят важные культурные события, продолжается интенсивное пополнение фондов, идет большая научная работа.

Ответ на вопрос из публики:
В отношении могилы Гумилева я могу сказать то, что я говорила в прошлый раз на Гумилевских чтениях. Анна Андреевна однажды возила меня на такси в район Пороховых, показывая мне пустырь, на котором, как она считала, их расстреляли. Не в Бернгардовке. Бернгардовка — это была дача, где жили Срезневские, куда Анна Андреевна действительно часто ездила. И, вероятно, вспоминала там Николая Степановича. У нас-то дома имя Николая Степановича не произносили, потому что это было страшно. Кругом были такие люди, как Аркадий, не он один был, так что, понимаете, говорить о Канте, о Гегеле казалось достаточно безобидным, а говорить о Гумилеве было страшно.

На Пороховых это были какие-то бараки. На веревочке висело белье, росли какие-то сорняки. Колдобины — что-то вроде проселочной дороги; там Анна Андреевна попросила остановить такси. Не выходя из машины, она сказала: «Оглянись, посмотри, запомни». Ничего больше она не сказала. Потом только, когда мы приехали домой, сюда, на Фонтанку, она сказала, что в ту ночь, когда, видимо, погиб Николай Степанович, там расстреливали людей. И будто бы к ней приходил кто-то, она сказала, что это был рабочий, который знал стихи Николая Степановича. Это тоже такая неправдоподобная история. Если он знал стихи Николая Степановича, вряд ли это был просто рабочий. Если там расстреливали (вероятно, это было так), то была ли это та группа, в которой был Николай Степанович, это трудно сказать. Но многие считают, что это про Бернгардовку и про какие-то более далекие места, хотя очень трудно предположить, чтобы в двадцать первом году куда-то далеко вывозили людей. Версия Бернгардовки идет от Лукницкого. Анна Андреевна ездила в Бернгардовку, приехала, рассказала ему что-то. Он это записал. Анна Андреевна согласилась с этим — она часто соглашалась с собеседником, хотя имела при этом другую точку зрения.

Список литературы

Ахматова А. Десятые годы. М., 1989.
Ахматова А. О Пушкине. Статьи и заметки. М., 1989.
Ахматова А. После всего. М., 1989.
Ахматова А. Поэма без героя. М., 1989.
Ахматова А. Reqiem. М., 1989.
Ахматова А. Сочинения: В 2 т. М., 1990.
Ахматова А. Собрание сочинений: В 6 т. М., 1998. Т. 3.
Записные книжки Анны Ахматовой (1958—1966). М.; Torino, 1996.

Алексей Петрович Ахматов//Русский биографический словарь. Изд. под наблюдением пред. Имп. Рус. ист. о-ва А. А. Половцова: В 25 т. М., 1992. Т. 2. Репринтное воспроизведение издания: СПб., 1896—1913.

Ардов М., Ардов Б., Баталов А. Легендарная Ордынка. СПб., 1995.

Ахматовы//Общий Гербовник Дворянских Родов Всероссийской империи, начатый в 1797 г.: В 11 ч. СПб.,1798—1860. Ч. V.

Ахматовы//Энциклопедический словарь Брокгауза и Ефрона. Т. 39. СПб., 1897.

Бабиченко Д. Как запрещали Ахматову//Свободная мысль. 1991. № 18.

Барсуков А. Род Шереметевых. Книги первая — восьмая. СПб., 1881—1904.

Барсуков А. Родословие Шереметевых. СПб., 1904.
Бахтин В. Анна Ахматова и Союз писателей//Звезда. 1996. № 8.
Блинов А. Прерванная нить//Искусство Ленинграда. 1990. № 12.
Ванеев А. А. Два года в Абези. Брюссель, 1990.
Волкова К. Г., Гаршин А. В. Владимир Георгиевич Гаршин. Дополнения к историко-биографическому очерку Ю. И. Будыко. Л., 1983. (Машинопись. Хранится в ИРЛИ и Музее Анны Ахматовой в Фонтанном Доме.)

Воспоминания об Анне Ахматовой. М., 1991.
Вяземский П. Записные книжки. М., 1992.
Вяземский П. А. Старая записная книжка//Полное собрание сочинений Князя П. А. Вяземского: В 12 т. СПб., 1878—1896. Т. 10.

Вяземский П. П. Александр Сергеевич Пушкин//Собрание сочинений Князя П. П. Вяземского. СПб., 1893.

Герштейн Э. Мемуары. СПб., 1998.
Гиллельсон М. И. П. А. Вяземский. Жизнь и творчество. Л., 1969.

Гильгамеш. Вавилонский эпос: Перевод Н. Гумилева; Введение В. Шилейко. Петроград, 1919.

Гумилев Н. Стихотворения и поэмы. Л., 1988. (Библиотека поэта. Большая серия.)

Долгоруков П. Ахматовы//Долгоруков П. Российская Родословная книга: В 4 ч. СПб., 1854—1857. Ч. 3.

Долгоруков П. Шереметевы//Долгоруков П. Российская Родословная книга: В 4 ч. СПб., 1854—1857. Ч. 4.

Домашняя Старина. Переписка Графа Д. Н. Шереметева с Иваном Федоровичем Апрелевым. С предисловием С. Д. Шереметева. Выпуск II. М., 1902.

Елизарова Н. А. Театры Шереметевых. М., 1944.
Еще раз о "деле Таганцева". Дневник академика Николая Степановича Таганцева//Дворянское собрание. М., 1998. № 9.

Журавлева Т. Б. В. Г. Гаршин. СПб., 1994.
Заозерский А. И. Фельдмаршал Б. П. Шереметев. М., 1989.
Ивинский Д. П. Князь П. А. Вяземский и А. С. Пушкин. М., 1994.

"...Иначе поэта нет". (Беседа Л. Э. Варустина с Л. Н. Гумилевым)//Звезда. 1989. № 6. (Ахматовский номер.)

Калугин О. Дело КГБ на Анну Ахматову//Госбезопасность и литература на опыте России и Германии. М., 1994.

Каминская А. Г. Жизнь Фонтанного дома//Ленинградская панорама. 1988. № 6.

Каминская А. Г. Неопубликованная статья Н. Н. Пунина об Ахматовой//Ахматовские чтения. Выпуск II. Тайны ремесла. М., 1992.

Кац Б., Тименчик Р. Анна Ахматова и музыка. Л., 1989.
Кравцова И. Анна Ахматова в Фонтанном Доме//Новое литературное обозрение. 1994. № 8.

Кравцова И. Г., Кузьмина Е. В., Попова Н. И. и др. Музей Анны Ахматовой в Фонтанном Доме. Л., 1991.

Краевский В. П. Дело Таганцева//Дворянское собрание. М., 1996. № 4.

Кралин М. Артур и Анна. Л., 1990.
Крюков А. С. Fata libelli. Уничтоженные книги Анны Ахматовой//Филологические записки. Вестник литературоведения и языкознания. Выпуск 3. Воронеж,1994.

Лансере Н. Е. Фонтанный дом//Записки Историко-бытового отдела Государственного Русского музея. Л., 1928. Т. 1.

Лукницкая В. Перед тобой земля. Л., 1988.

Лукницкая В. Николай Гумилев. Жизнь поэта по материалам домашнего архива семьи Лукницких. Л., 1990.

Лукницкий П. Н. Acumiana. Встречи с Анной Ахматовой. Paris, 1991, 1997. Т. 1—2.

Лукомский Г. К. Старый Петербург. Прогулки по старым кварталам. СПб., 1916.

Мандельштам Н. Вторая книга. Париж, 1987.

Мандельштам О. Полное собрание стихотворений. СПб., 1995.

Маринчик П. Недопетая песня. Необычайная жизнь Прасковьи Ивановны Жемчуговой. Л.; М., 1968.

Матвеев Б. М. Проблемы Фонтанного дома//Ленинградская панорама. 1989. № 5.

Матвеев Б. М., Краско А. В. Фонтанный дом. СПб., 1996.

Михайловский С. Н. Н. Пунин. Портрет в супрематическом пространстве//Нева. 1989. № 6.

Мок-Бикер Э. "Коломбина десятых годов..." Книга об Ольге Глебовой-Судейкиной. Париж; СПб., 1993.

Найман А. Г. Рассказы об Анне Ахматовой. М., 1989.

Накамура Е. Анна Ахматова в дневниках Наруми//Мера. СПб., 1994.

Нувахов Б. Ш. Странноприимный дом Н. П. Шереметева: традиции российского милосердия XVIII—XX вв. М., 1994.

Об Анне Ахматовой. Стихи, эссе, воспоминания, письма. Л., 1990.

Перельмутер В. "Звезда разрозненной плеяды!.." Жизнь поэта Вяземского, прочитанная в его стихах и прозе, а также в записках и письмах его современников и друзей. М., 1993.

Переписка А. А. Ахматовой и Н. Н. Пунина//Звезда. 1995. № 1.

Переписка и бумаги Графа Бориса Петровича Шереметева. 1704—1722. СПб., 1879.

Письма к Государю Императору Петру Великому от Генерал-фельдмаршала... Бориса Петровича Шереметева. М., 1778—1779.

Письма П. А. Вяземского. СПб., 1897.

Попова Н. "Разлучение наше мнимо"//Искусство Ленинграда. 1989. № 6.

Посещение Патриархом Григорием IV Антиохийским и всего Востока церкви Святой Великомученицы Варвары что на Фонтанке. СПб., 1913.

Пунин Н. Дневник//Звезда. 1994. № 1.

Пунин Н. О Татлине. М., 1994.

Пунин Н. Н. Революция без литературы//Минувшее. 1989. № 8.

Пунин Н. Н. Дневники, письма, фотографии//Наше наследие. 1998. № 47—48.

Пунин Н. Н. Революция без литературы//Ахматовские чтения. Выпуск второй. М., 1992.

Пунин Н., Полетаев Е. Против цивилизации. Петроград, 1918.

Пунина И. Н. Из архива Николая Николаевича Пунина//Лица. Биографический альманах. Год 1992. № 1.

Пунина И. Н. Николай Николаевич Пунин (1888—1953)//Ахматовские чтения. Выпуск второй. М., 1992.

Пунина И. Н. Еще раз о месте расстрела Н. С. Гумилева//Гумилев и русский Парнас: Материалы научной конференции, 17—19 сентября 1991, г. Санкт-Петербург. СПб., 1992.

Пушкин А. Сочинения. Л., 1936. (Том из библиотеки Анны Ахматовой с дарственной надписью Б. В. Томашевского и пометами Анны Ахматовой. Хранится в Музее Анны Ахматовой в Фонтанном Доме.)

Пушкин А. С. Полное собрание сочинений: В 16 т. Л., 1937—1949. Т. 15—16.

Рубинчик О. Е. "Медный всадник" в творчестве Анны Ахматовой//Гумилевские чтения 1996. СПб., 1996.

Рубинчик О. В поисках потерянного Орфея: композитор Артур Лурье//Звезда. 1997. № 10.

Савелов Л. М. Ахматовы//Савелов Л. М. Родословные записи. Выпуск I. М., 1906.

Сборник в память Князя Павла Петровича Вяземского. СПб., 1902.

Станюкович В. К. Фонтанный дом Шереметевых. Музей быта. Путеводитель. Пг., 1923.

Станюкович В. К. Домашний крепостной театр Шереметевых XVIII века. Л., 1927.

<*Стогов Э. И.*> Очерки, рассказы и воспоминания Э...ва//Русская Старина. 1878. Т. 23, № 6—12. 1879, № 1.

Стогов Э. И. Посмертные записки//Русская старина. 1886. Т. 52, № 10.

Стогов Э. И. Записки//Русская старина. 1903. Т. 112—115, № 1—8.

Столетние отголоски. 1801 год: Предисловие С. Д. Шереметева. М., 1901.

Суходолов В. Н. Молодая хозяйка дворца//Ленинградская панорама. 1988. № 6.

Сыркина Ф. Я., Костина Е. М. Русское театрально-декорационное искусство. М., 1978.

Тютчев Ф. И. Сочинения. М., 1984. Т. 2.

Хейт А. Поэтическое странствие. Дневники, воспоминания, письма А. Ахматовой. М., 1991.

Ходасевич В. "ДИСК" // Ходасевич В. Колеблемый треножник. М., 1991.

Черных В. Летопись жизни и творчества Анны Ахматовой. Часть 1–2. М., 1996, 1998.

Черных В. А. Родословная Анны Андреевны Ахматовой // Генеалогия: Источники. Проблемы. Методы исследования. М., 1989.

Чуковская Л. Записки об Анне Ахматовой: В 3 т. М., 1997.

Чуковская Л. Избранное. М.; Минск, 1997.

Шереметев Д. Н. Календарные заметки графа Дмитрия Николаевича Шереметева. М., 1904.

Шереметев С. Д. Князь Павел Петрович Вяземский. Воспоминания. 1868–1888. СПб., 1888.

Шереметев С. Д. Граф Дмитрий Николаевич Шереметев. СПб., 1889.

Шереметев С. Д. Графиня Анна Сергеевна Шереметева. СПб., 1889.

Шереметев С. Д. Графиня Шереметева. СПб., 1889.

Шереметев С. Д. Татьяна Васильевна Шлыкова. СПб., 1889.

Шереметев С. Д. Князь Петр Андреевич Вяземский. СПб., 1891.

Шереметев С. Д. Две семейные свадьбы (Воспоминания). СПб., 1892.

Шереметев С. Д. Воспоминания о службах в Домовой церкви. СПб., 1894.

Шереметев С. Д. Воспоминания детства. СПб., 1896.

Шереметев С. Д. Отголоски XVIII века. Выпуск I–III, IV. М., 1896, 1897.

Шереметев С. Д. Воспоминания. 1863–1868 гг. СПб., 1899.

Шереметев С. Д. Воспоминания. 1870–1873 гг. СПб., 1899.

Шереметев С. Д. Фельдмаршал Шереметев. М., 1899.

Шереметев С. Д. Домашняя Старина. М., 1900.

Шереметев С. Д. Московские воспоминания шестидесятых годов. М., 1900.

Шереметев С. Д. Московские воспоминания. Выпуск I, II. М., 1901, 1903.

Шереметев С. Д. Время императора Павла I. 1796–1800 годы. М., 1905.

Шереметев С. Д. Отголоски XVIII века. Выпуск XI. Время Императора Павла. 1896–1800 годы. М., 1905.

Шилейко В. К. Тысячелетний шаг вигилий. Стихотворения и переводы. Томск, 1994.

Шилейко В. К. Через время (Стихи, переводы, мистерия). Вступительная статья Вяч. Вс. Иванова. М., 1994.

Эйдельман Н. Я. Герцен против самодержавия. М., 1984.

Ignatieff Michael. Isaiah Berlin. A Life. L., 1998.

В книге использованы материалы архива Музея Анны Ахматовой. В частности, магнитофонные записи воспоминаний об Анне Ахматовой и ее современниках, о жизни Фонтанного Дома: воспоминания В. И. и Р. А. Бухоновых, Ю. К. Герасимова, А. Г. Каминской, В. А. Карповой и Т. А. Пересветовой, Ф. Ф. Мельникова, В. И. Пинчука, И. Н. Пуниной, З. Б. Томашевской, М. М. Тушинской.

Использованы также материалы КГИОПа:

Лапина Е. Б. Сад Шереметевского дворца. Историческая справка. СПб., 1992. Памятник 135, Н-3673/1.

Матвеев Б. М. Фонтанный дом Шереметевых. Часть II. Усадьба. Историческая справка. Л., 1990. Памятник 135, Н-3124.

Петров А. Н. Сад Фонтанного дома. Историческая справка. Л., 1962. Памятник 135, Н-1342. Памятник 135, фотофонд.

Материалы РГИА:

Ф. 1088 (фонд Шереметевых), оп. 1, д. 697; оп. 3, д. 126, 341; оп. 12, д. 331, 335. Ф. 1343, оп. 16, Д. 3255 (родословная Ахматовых).

Материалы архива Государственного Эрмитажа:

"Дело о службе В. К. Шилейко (24 апреля 1918 г. – 16 января 1919 г.)". Дело 43.

Благодарим за помощь в работе: О. А. Великанову, Г. В. Вилинбахова, Н. Л. Елисееву, М. Г. Козыреву, Ю. В. Новикова, Т. А. Петрову, Т. С. Позднякову, С. В. Старкину, Т. И. Шилейко, семью Пуниных, сотрудников архива и компьютерного отдела Эрмитажа, сотрудников архива КГИОПа, сотрудников РГИА.

Содержание

Глава первая 7
Глава вторая 45
Глава третья 81
Глава четвертая 107
Приложение «Под кровлей Фонтанного Дома...» Запись выступления
И. Н. Пуниной на вечере в Музее Анны Ахматовой (октябрь 1994 года) 131
Список литературы 156

Попова Нина Ивановна, Рубинчик Ольга Ефимовна
Анна Ахматова и Фонтанный Дом

Редактор И. Н. Кондратьева
Дизайн — И. Я. Чуйнышена
Литературный редактор Н. Р. Либерман

Издательство «Невский Диалект».
195220, Санкт-Петербург, Гражданский пр., 14.
Лицензия на издательскую деятельность
серия ЛР № 065012 от 18.02.97.

Подписано в печать 12.04.00. Формат 95×70/16.
Бумага офсетная. Печать офсетная.
Гарнитура Futura1C.
Усл. печ. л. 12,5. Доп. тираж 3000 экз. Заказ № 632.

Отпечатано с фотоформ
в ГПП «Печатный Двор» Министерства РФ по делам печати,
телерадиовещания и средств массовых коммуникаций.
197110, Санкт-Петербург, Чкаловский пр., 15.

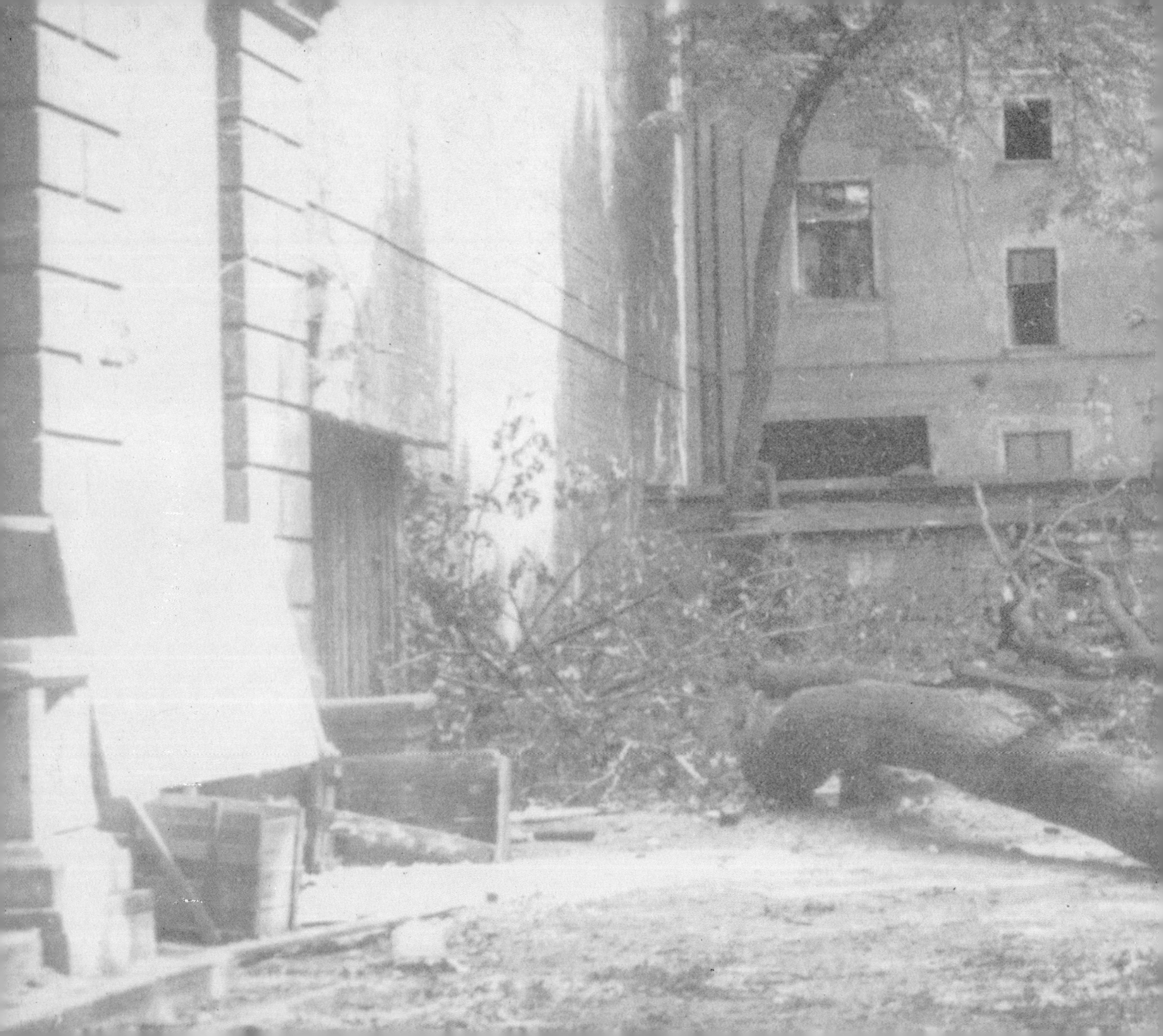